고백록

영혼치유의 푸른 초장으로 인도하는 그리스도교 고전산책 (1)

고백록

어거스틴 지음, 신선명 · 신현복 옮김

치유와 돌봄이 있는 희망의 선교동산
아침영성지도연구원

성 어거스틴과 함께
영혼치유의 깊은 오솔길을 걸어가는
_____에게
이 책을 드립니다.

The Confessions

by St. Augustine
Edited by
Achim Institute for Spiritual Direction
All Rights Reserved.
ⓒ 2010

이 책은 아침영성지도연구원이 새롭게 펴낸 것으로서, 신저작권법에 따라 한국 안에서 보호를 받는 책이므로 무단전재와 무단복제를 금합니다.

이 책을 펴내며

　영혼치유의 푸른 초장으로 인도하는 그리스도교 고전산책의 첫 번째 책으로 성 어거스틴의 〈고백록〉을 독자 여러분과 함께 나누게 되어 무척 기쁘고, 이 모든 일을 한 걸음 한 걸음 인도해 주시고 가능케 하신 하나님께 감사와 영광을 올려 드립니다.

　사실, 이 〈고백록〉은 전 세계적으로 볼 때 〈성경〉 다음으로 많이 읽히는 책인지라, 우리나라에도 많은 번역본이 나와 있음을 한눈에 알 수 있습니다. 그러나 우리 그리스도인들이 오늘의 언어로 좀 더 선명하게 그의 글을 읽고자 할 때 적잖은 어려움들이 있다는 것도 다들 느끼고 있으리라 짐작합니다.

　그래서 이번에 저희 아침영성지도연구원에서는 그리스도교 고전산책을 통한 영성수련 과정을 인도하면서, 〈고백록〉과 관련된 전 세계의 많은 자료들을 다시 연구해 보고 아예 새로운 번역을 해서 오늘을 살아가는 한국 그리스도인들에게 좀 더 적중한 도움을 드려야겠다는 소박한 비전을 가슴에 품게 되었습니다. 그런 차원에서, 이 〈고백록〉이 새롭게 나온 것입니다.

　특히 이번에 저희 아침영성지도연구원이 펴낸 성 어거스틴의 〈고백록〉은 *The Confessions of Saint Augustine* (CreateSpace, 2009), *Confessions* (Oxford, 2009), *The*

Confessions of St. Augustine: Modern English Version (SPIRE, 2008), *The Confessions of St Augustine* (Moody, 2007), *Augustine of Hippo: A Biography* (2000) 등 가장 최근에 나온 국내외 관련 자료들을 면밀히 분석하고 심층 연구한 결과물임을 미리 밝혀드립니다. 단, 이것이 또다시 너무 학문적인 책으로만 비쳐져 크리스천 엄마, 아빠, 자녀 등 영성생활 현장의 일반 독자들에게서 외면당하는 사태가 발생되지 않도록 본문 내 성경각주를 제외한 다른 참고자료들은 없애는 대신, 가장 현대적인 감각으로 다듬고 또 다듬었음을 널리 이해해 주시기 바랍니다.

그렇습니다. 저희는 고전 속에 길이 있다고 확신하고 있습니다. 영혼의 치유와 영혼의 돌봄을 위하여 이 세계적인 고전인 성 어거스틴의 〈고백록〉이 사랑하는 독자 여러분에게 소중한 영성지도 지침서가 되었으면 하고 두 손 모아 기도드립니다.

어거스틴의 저서

잘 아시겠지만, 히포의 주교 어거스틴(354~430)은 아주 다양한 주제들에 관하여 방대한 양의 신학서적을 펴낸 작가였습니다. 〈고백록〉에서도 알 수 있듯이, 상상력이 풍부한 그는 여러 가지 흥미로운 주제들에 관하여 매우 창의적인 생각을 펼칠 수가 있었습니다. 그리고 늘 그 속에서 하나님과의 관계를 발견하였습니다.

또 그는 당대의 중요한 논쟁들에 관하여 수사학적인 주장을 펼치기도 했습니다. 특히 청년시절에 넋을 잃고 빠져들었던 마니교, 곧 동양의 신비주의자들이 로마제국에 옮겨놓은 마니교 신학을 공격하는 책들을 많이 썼습니다. 다수의 설교집도, 당대의 풍습대로, 그 설교자의 제자들에 따라 유지, 기록되었습니다.

여러분도 고전을 대할 때마다 늘 느끼시겠지만, 어거스틴의 저서도 어려울 수 있습니다. 그의 추론은 아주 복잡합니다. 하지만 〈고백록〉에서는, 격조 높은 철학보다 시적인 찬미의 전개와 적용이 더 앞섭니다. 어거스틴이 쓴 〈삼위일체론〉은 지금까지 그 주제에 관하여 기록된 책들 가운데서 가장 깊이 있는 책에 속합니다. 그러면서도 그의 설교집들은 인간의 언어로 된 가장 간결한 전도의 본보기이기도 합니다. 정확하게 어거스틴이 기록했다고 볼 수 있는 설교집만 해도 무려 363권이나 됩니다. 그는 수사학 훈련을 받았으며, 또 가르치기까지 했습니다. 하지만 그리스도교 전도자인 그는 감동을 일으키는 웅변보다는 하나님의 영원한 진리를 취급할 때 아무런 기교도 필요치 않은 그리스도인들의 위엄이 더 낫다고 믿었습니다.

다음의 목록은 어거스틴의 저서를 총망라한 게 아니라, 그 가운데 일부만 생애와 연관 지어 열거한 것입니다. 그리고 이 저서들 가운데 어떤 것은 270편에 달하는 편지와 서신의 일부이기도 합니다.

368	어거스틴 세례 받음; 〈교회의 실제와 마니교의 실제에 관하여〉
389-91	〈진정한 종교에 관하여〉
392	〈마니교 신자 포르투나투스와의 논쟁〉
394	〈마니교 교사 아디만투스에 반대하여〉
397	〈심플리키아누스에게〉, 온갖 종류의 문제들에 관하여; 〈그리스도교 교리에 관하여〉 시작.
397-98	〈마니교 신자 펠릭스에 반대하여〉
398	〈그리스도교 훈련에 관한 설교〉
398-400	〈고백록〉
399	〈복음에 관한 질문〉

400	〈삼위일체에 관하여〉 시작; 〈복음의 조화〉; 〈욥기 주석〉; 〈야누아리누스의 연구에 관하여〉; 〈파우스투스에 반대하여〉
405	〈교회의 일치에 관하여〉
406-12	〈이교도들이 제기한 여섯 가지 질문에 관한 해설〉
412	〈도나투스파 신자들과의 짧은 만남〉; 〈영과 서신에 관하여〉; 〈신약성서의 은총에 관하여〉; 〈공로와 용서에 관하여〉
413	〈하나님을 보는 것에 관하여〉; 〈하나님의 도시〉 시작.
415	〈제롬 주교에게〉; 〈삼위일체에 관하여〉 마침.
416	〈요한복음에 관한 설교〉
417	〈하나님의 임재에 관하여〉
418	〈아리우스파에 반대하는 설교〉; 〈그리스도의 은총과 원죄에 관하여〉
419	〈구약성서의 처음 일곱 책에 관한 질문들〉
419-20	〈율법서와 예언서의 적들에 반대하여〉
421	〈입문서〉 믿음과 소망과 사랑에 관한 안내서이자, 어거스틴 신학의 종합편
425	〈사도신경에 관하여〉; 〈세례 지원자들에게〉
426	〈하나님의 도시〉 마침; 〈그리스도교 교리에 관하여〉 마침.
426-28	〈철회〉

428	〈승천한 성인들의 운명에 관하여〉
429-30	〈금식의 유용성에 관하여〉
모름?	〈하나님의 종의 규칙〉(어거스틴의 금욕적인 규율)
430	어거스틴 사망.

고백록의 내용

그리스도교 영혼치유의 결정판이라고나 할까요? 397년과 400년 사이에 쓰인 이 〈고백록〉은 엄밀히 보자면 자서전이나 회고록이 아니라 고백의 기도, 영혼의 찬미입니다. 한 권 두께로 이어진 찬양 기도입니다. 그런 의미에서 오늘 영혼의 목마름을 호소하는 현대인들에게 이 책은 소중한 영성지도 지침서가 될 것으로 확신합니다.

그런데 그렇기 때문에 이 책은 자주 오해를 받기도 합니다. 어째서 그토록 하나님을 계속 부르는지, 어째서 그토록 일화와 신학적 토론 사이를 자유롭게 오가는지 이해하지 못하는 사람들 때문입니다. 얼핏 보기에, 처음 열 장은 나머지 세 장과 전혀 관련이 없는 것처럼 보입니다.

하지만 그 주제들과 본문의 흐름을 주의 깊게 살펴보면, 자서전적인 부분도 그저 일기나 하나님과 자신의 관계에 대한 어거스틴의 증언에 불과한 것이 아님을 알 수 있습니다. 오히려 그 이야기들은 삽화라고 할 수 있습니다 — 자기 자신이 곧 하나님께서 역사하신다는 증거임을 지적함으로써, 영원한 실재를 풀기 위해 사용한 수단인 것입니다. 그는 생명을 설계하신 하나님의 도구에 관해 고찰하고 있습니다.

우리는 이런 문제들에 관하여 거의 생각해 보지 않습니다. 자신의 이야기에만 열중하느라 바빠서, 그런 걸 분석할 만한 여유가 전혀 없습니다. 하지만 어거스틴은 그러한 속박을 끊어버리려고 애쓰고 있습니다. 본문이 종종 별로 중요하지 않은 사실이나 감정, 사랑에 집착하는 것처럼 보이고, 또 그것을 다양한 각도에서 살펴보느라 많은 시간을 허비하는 것처럼 보이는 것도 다 이런 이유 때문입니다.

어거스틴은 자신의 성격이나 인간관계의 결점에 대해서 강박관념을 갖고 있는 것 같습니다. 그는 명백하고 강렬한 정서적 민감성을 뛰어넘어, 이 본문들을 통해서 자기 자신과 우리를 가르치고 있습니다. 각 장은 새롭고 신선한 방법으로 일상생활의 경험들 — 유아기 때의 인식, 절친한 친구들과의 유대감, 또는 사랑하는 사람의 죽음으로 인한 슬픔의 원동력을 바라보도록 만들어 줍니다. 어거스틴은 우리가 자신을 실제 사례로 간주하길 원합니다. 그리고 이 책의 마지막 장에서 점점 더 이 실재에 정신을 집중시킵니다.

하지만 온갖 철학적 추론들을 초월하여, 각 부분은 하나님을 찬미할 근거가 됩니다. 이처럼 개인적 계시, 묵상, 그리고 찬미가 조합된 것은 그리스도교 문헌에서 굉장히 독특한 경우입니다. 이 책을 읽어보시면 알겠지만, 〈고백록〉 완성본에서 생략된 부분이 종종 있습니다. 하지만 각 페이지마다 오늘 우리 자녀들도 쉽게 이해할 수 있는 언어로 강렬한 기쁨이 넘치게 표현된 탁월한 자료임을 직감하실 수 있을 것입니다.

　어거스틴이 사용한 라틴어 문어체가 한 마디 한 마디 영어로 쉽게 직역되지 않는 곳에서는, 독자들의 이해를 돕기 위해 의역을 채택했습니다. 어려운 주장을 좀 더 자세히 부연하기 위해서 의역을 채택한 곳도 있습니다. 하지만 그러면서도 어거스틴의 사상을 그대로 보존하기 위해 주의를 많이 기울였습니다. 어거스틴의 본문이 대체로 지니는 시적 특성은 사상의 문학적 미를 강조하기 위해서 많이 없앴습니다.

　다음과 같은 본문 전체의 개요를 보면, 이 하나님의 제자가 삶의 창문에서 느낀 경이로움을 이해하는 데 도움이 될 것입니다:

　제1장 : 어거스틴은 하나님의 은총이 깃든 자신의 삶을 통해 신비로운 인생 항로를 소개합니다. 그는 갓난아기들을 관찰하고, 그것을 통해 자신의 유아기는 어땠을지, 어떻게 말하는 걸 배웠을지, 그리고 학교에서의 경험은 어땠을지 그려봅니다.

　제2장 : 열여섯 되던 해의 어거스틴은 게으름과 정욕과 악의로 인한 타락을 보여줍니다. 배를 도둑질한 일로 인해 그는 죄인이 악행을 저지를 때 정말로 의도하는 바가 무엇인가를 묵상하게 됩니다.

　제3장 : 카르타고 학생시절, 어거스틴은 철학에 지대한 관심을 쏟다가 결국은 그리스도교에서 마니교로 전향하게 됩니다.

　제4장 : 어거스틴은 성인이 되어 학생들을 가르치기 시작합

니다. 그러면서도 마니교 사상과 점성술에 더더욱 깊이 빠져듭니다. 그는 첩을 두고, 처음으로 삶의 덧없음과 영속성을 직면하게 됩니다.

제5장 : 그는 종교지도자들의 제자가 되어 자신의 마니교 신앙을 승인 받고 싶었으나, 오히려 환멸에 빠지고 맙니다. 인간의 지혜가 공허하다는 것을 깨달은 그는 자기 어머니의 종교를 생각하기 시작합니다. 하지만 어머니의 통제를 피해 로마로, 그리고 밀라노로 도망칩니다. 그곳에서 위대한 설교자 암브로시우스가 그로 하여금 성서를 다시 보게 만듭니다. 어거스틴은 결국 세례 지원자가 됩니다.

제6장 : 모니카는 아들을 따라갔다가, 아들이 정통 신앙의 입구에 다시 들어서 있으면서도 삶의 복잡한 문제들 때문에 혼란스러워하고 있음을 봅니다. 어거스틴은 약혼을 하고, 첫 번째 아내와 이혼하고, 다른 아내를 맞이하고, 그리고 진리에 대한 헛된 추구를 계속합니다.

제7장 : 진리를 추구하다가 마침내 어거스틴은 마니교를 떠납니다. 점성술도 거부합니다. 그리고는 하나님과 실재의 관계를 파악하고자 애쓰는 가운데, 플라톤 철학에 잠시 빠져듭니다. 신플라톤주의를 통하여 그는 성서 연구와 예수 그리스도에 관한 진리 파악에서 서서히 진보하기 시작합니다.

제8장 : 그는 결국 그리스도께로 전향하게 됩니다. 하지만 여전히 세상일과 자기 욕망에 대한 집착은 이겨내지 못합니다. 그러다가 급기야는 그의 분리된 의지가 서로 싸우는 폭력적인 혼

란의 상태에 이르고 맙니다. 마지막에 그는 한 어린 아이의 노래를 우연히 듣습니다. 그 노래는 그를 위기에서 건져줄 수 있는 성서 본문으로 이끌어 줍니다.

제9장 : 어거스틴은 수사학 교수직을 사임하고 아데오다투스, 알리피우스와 함께 세례를 준비합니다. 조금 뒤에 그들은 아프리카로 돌아갑니다. 하지만 모니카는 이미 죽었기 때문에 그들과 동행하지 않습니다. 이 슬픔은 어거스틴의 약한 신앙이 처음으로 맞는 시험이 됩니다. 그는 이 경험이, 신앙이 없는 이가 친구들의 죽음을 보고 느끼는 슬픔과 전혀 다르다는 사실을 깨닫습니다.

제10장 : 어거스틴은 자신의 이야기가 무슨 의미를 담고 있는가로 방향을 전환합니다. 첫째, 기억은 어떻게 실재를 유지하며, 하나님을 이해할 수 있는 길을 보여주는가? 자신에 대한 복잡한 분석 뒤에, 그는 자신이 깨달은 것들을 기도의 의미에 적용시킵니다. 또한 그는 죄의 본질과, 하나님과 죄인 사이를 중재해 주시는 구세주에 관한 커다란 그림을 다시 보게 됩니다.

제11장 : 과거의 기억, 현재의 경험, 그리고 영원의 의미에 관하여 그가 깨달은 것들은, 창조의 신비를 풀려는 시도로 이어집니다. 그는 시간과 창조세계가 서로 밀접한 관계에 있다고 주장합니다. 사실, 시간은 창조된 "것"입니다. 하지만 그것은 어떤 종류의 것입니까? 어거스틴은 일시적인 과정이 하나님의 "현재"의 변함없는 영원성에 관해 가르쳐 주는 것들을 곰곰이 생각합니다. 이것은 창세기 첫 부분에 대한 새로운 통찰을 안겨줍니다.

제12장 : 성서에 기록된 창조 기사의 진실성을 옹호하는 가운데, 어거스틴은 어떻게 무로부터 눈에 보이는 형태를 지닌 물질이 창조되었는지 의아해합니다. 그는 창세기 1장 1~2절을 이해하기 위해 다시 노력합니다. 하나님의 역사에 관한 온갖 가능성 있는 설명들을 아직 고려해 보지 못했음을 깨달았던 것입니다. 이로써 그는 성서를 어떻게 해석할 것이며, 그리스도인들이 왜 본문을 해석할 때 겸손과 이웃 사랑으로, 비본질적인 것들과 맞서 싸워야 하는지를 생각하게 됩니다.

제13장 : 어거스틴은 하나님의 존재의 좀 더 심오한 실재를 증명하기 위해, 창세기에 대한 좀 더 비유적인 접근을 고찰합니다. 그는 다시금 이 책의 중심 주제에 관한 고찰로 돌아갑니다. 인간의 존재에 들어 있는 하나님의 형상과 유사성은 과연 무엇인가? 그는 하나님의 창조와 구원 역사, 그리고 하나님의 백성을 기다리고 있는 궁극적이고도 영원한 안식에 대하여, 하나님께 찬양을 돌림으로써 끝을 맺습니다.

차 례

이 책을 펴내며 / 7
어거스틴의 저서 / 9
고백록의 내용 / 13

제1장 하나님의 위대하심에 대한 고백 / 21
제2장 유아기 / 29
제3장 어머니의 돌봄 / 39
제4장 카르타고에서 / 51
제5장 감사 제물 / 69
제6장 시간은 지체하지 않는다 / 83
제7장 치유와 회복 / 109
제8장 밀라노로 찾아온 어머니 / 131
제9장 친구들 / 139
제10장 완전에 이르는 길 / 161
제11장 심플리키아누스 / 175
제12장 모니카의 죽음 / 187
제13장 기억에 관하여 / 211
제14장 하늘과 땅 / 279
제15장 살아 있는 영혼 / 305

제 1 장

하나님의 위대하심에 대한 고백

제 1 장
하나님의 위대하심에 대한 고백

오, 비길 데가 없으신 주님,
주님을 향한 저희의 찬미는 저희의 인간성을 뛰어넘습니다.
주님의 능력은 위대하시고,
주님의 지혜는 이루 헤아릴 수 없습니다.

이제 지극히 낮은 피조물인 저희가 주님을 찬미하길 간절히 원합니다. 인간이 도대체 무엇입니까? 주님의 피조물들 가운데 지극히 작은 일부에 불과합니다. 인간은 저마다 다가올 죽음의 표를 지니고 있습니다. 그 죽음은 곧 인간이 죄인임을 증명해 주는 것입니다. 그것은 주님이 교만한 이들을 격퇴하는 분이심을 만천하에 선포합니다.

하지만 그렇게 미천한 존재임에도 불구하고, 주님의 피조물들 가운데 하나에 지나지 않는 저희 인간이 간절히 주님을 찬양하고자 합니다. 주님은 저희가 주님을 찬미하는 가운데 기쁨을 맛보도록 일깨워 주십니다. 주님은 주님을 위해서 저희를 지었습니다. 그러기에 저희 마음은 주님 안에서 평안을 얻을 때까지 결코 쉴 수가 없습니다.

주님, 다음 두 가지 중에서 어떤 것이 더 우선인지를 저희가 알게 하옵소서. 주님을 찬양하기 전에 먼저 주님을 불러야 합니까? 주님을 알기 전에 먼저 주님을 불러야 합니까? 하지만 주님을 모르고서 어찌 주님을 부를 수 있단 말입니까? 주님을 모르는 이는 주님이 아닌 다른 것을 잘못 부를 수도 있습니다.

아니면, 저희가 주님을 알 수 있도록 먼저 주님을 부르는 게 나을까요? "그런데, 믿은 적이 없는 분을 어떻게 부를 수 있겠습니까? 또 들은 적이 없는 분을 어떻게 믿겠습니까? 선포하는 사람이 없으면 어떻게 들을 수 있겠습니까?(로마서 10장 14절 참고)"

주님을 찾는 이는 주님을 찬미할 것임을 저희는 잘 압니다. 주님을 찾는 이들은 찾을 것이요, 주님을 찾은 이들은 찬양할 것이기 때문입니다. 주님, 내가 주님을 부르며 찾을 것입니다. 주님은 이미 선포되었으므로 내가 진정 주님을 알게 되리라 믿으며 주님을 부를 것입니다. 주님, 주님이 나에게 먼저 주신 내 믿음이 주님을 부를 것입니다. 그 믿음과 더불어 주님은 성자의 성육신을 통해, 그리고 설교자의 사역을 통해, 저에게 숨을 불어넣으셨습니다.

제1장 하나님의 위대하심에 대한 고백

주님 외에 그 누가 주님이실까요?
우리 하나님 외에 그 누가 하나님이실까요?
가장 높으신 분.
가장 선하신 분.
가장 강하신 분.
가장 전능하신 분.
가장 자비롭고도 가장 정의로우신 분.
가장 은밀하면서도 가장 현존하시는 분.
가장 아름다우면서도 가장 힘세신 분.

변함이 없고 불가해할 정도로 한결같으신 분. 주님은 변함이 없지만, 모든 만물을 변화시키십니다. 주님은 결코 새롭지 않으시지만, 그렇다고 낡지도 않으신 분입니다. 주님은 만물을 새롭게 하지만, 구세대의 교만한 이들은 미처 알아채기도 전에 늙게 만드십니다.

주님은 항상 일하지만, 또 언제나 쉬십니다. 주님은 항상 모으시지만, 부족한 게 전혀 없으십니다. 주님은 언제나 도우시고, 채우시고, 가득 펴십니다. 주님은 언제나 창조하시고, 기르시고, 성장시키십니다. 주님은 언제나 찾으시지만, 이미 모든 것을 다 가지신 분입니다.

주님은 열망 없이 사랑하시고, 쓰라림 없이 질투하십니다. 주님은 자책 없이 우리의 후회를 공유하며, 평온을 잃는 법 없이 분노를 표현하십니다.

이 세상 모든 것들이 목표를 달성하는 데 실패하더라도, 주님의 목적은 변함없이 건재할 것입니다. 주님은 결코 잃어버리지 않으셨던 것들을 되찾아 받으십니다. 주님은 부족한 것이 하나도 없지만, 얻은 것들을 기뻐하십니다. 주님은 결코 탐내지 않으시지만, 여분의 지불을 요구하십니다. 이미 주님의 것이 아닌 것을 지닌 이가 어디 있겠습니까? 주님은 아무 것도 빚진 게 없으면서도 빚을 갚으시며, 아무 것도 잃지 않고서 빚을 면제해 주십니다.

나의 하나님, 나의 생명, 나의 거룩한 기쁨이시여, 내가 지금 무슨 말을 한 건가요? 이 죽을 이가 주님에 관해 무슨 말을 하고 있는 건가요? 그러나 말하지 않는 이에게 화 있을진저, 침묵이야말로 가장 설득력 있는 목소리이기 때문입니다.

오, 주님 안에서 내가 쉴 수 있기를.

오, 주님이 내 맘에 들어와 흥분시키시고, 그리하여 내가 온갖 비애를 다 잊고서 유일하시고 선하신 나의 하나님을 품을 수 있기를.

주님은 저에게 어떤 분인가요? 저를 불쌍히 여기셔서, 내가 어떻게 표현해야 할지를 가르쳐 주옵소서.

나는 주님께 무엇인가요? 어째서 나의 사랑과 관심을 요구하시고, 저에게 화를 내시며, 주님께 사랑과 관심을 드리지 않는다고 지독한 재앙들로 나를 위협하십니까? 내가 주님을 사랑하지 않는다면 그것은 결코 작은 재앙이 아닙니다.

오, 저에게 자비를 베풀어 주옵소서. 오, 나의 주 하나님, 주님이 저에게 어떤 분인지 말씀해 주옵소서. 내 영혼에게 "내가 너를 구원하겠다"고 말씀해 주옵소서. 내가 들을 수 있도록 크게 말씀해 주옵소서.

주님, 내 마음이 주님 앞에 숨김없이 드러나 있는 것을 보옵소서. 내 마음의 귀를 열고 내 영혼에게 말씀해 주옵소서. "내가 너를 구원하겠다"고.

그렇게 말씀하신 뒤에, 내가 재빨리 주님을 붙잡을 수 있게 해주옵소서.

주님의 얼굴을 내게서 숨기지 마옵소서.

나로 하여금 죽게 하옵소서. 그래야만 내가 죽지 않을 것입니다.

나로 하여금 주님의 얼굴을 보게 하옵소서.

제 2 장

유아기

제 2 장

유아기

내 영혼의 집은 너무도 좁습니다.
주님이 들어오실 수 있도록 넓혀 주옵소서.
내 영혼의 집이 무너졌습니다.
고쳐 주옵소서.

그곳에는 주님의 눈에 거슬리는 부패가 많을 줄 압니다. 하지만 그 누가 그곳을 깨끗이 치울 수 있겠습니까? 주님 말고 누구에게 애원할 수 있겠습니까? 주님, 나의 은밀한 잘못들을 깨끗이 치워 주옵소서. 적의 권세로부터 주님의 종을 구하여 주옵소서. 내가 주님을 믿고, 주님께 부르짖습니다. 오직 주님만이 아시기 때문입니다.

나의 죄를 주님께 증언하지 않았습니까? 주님이 내 마음의 사악함을 용서하지 않으셨습니까? 주님의 판결에 아무런 이의도 없습니다. 주님은 진리이시기 때문입니다. 내 자신의 기만이 두렵습니다. 나의 타락한 마음이 스스로를 속이기 때문입니다.

나는 주님의 판결에 아무런 반론도 제기할 게 없습니다. 주님이 죄를 지켜보고 계신데, 누가 감히 맞설 수 있겠습니까?(시편 130편 3절 참고)

하지만, 주님, 내가 비록 먼지와 재에 불과한 존재라 할지라도, 자비로우신 주님에 대해 증언할 수 있도록 허락해 주옵소서. 나를 멸시하는 사람들이 아니라, 자비로우신 주님 앞에서 내가 말할 수 있게 해주옵소서. 나를 경멸해야 할 이는 바로 주님이신데, 주님은 오히려 나에게 긍휼을 베풀어 주십니다.

오, 나의 주 하나님, 나는 이 죽어가는 삶(또는 "이 살아 있는 죽음")에 이르게 되었을 때 정말 아무 것도 몰랐습니다. 하지만 처음부터 주님의 연민이 나를 감싸 주셨습니다. 기억은 할 수 없지만, 주님이 정해 주신 내 육신의 부모로부터 전해 들었습니다.

주님은 한 여인의 젖으로 나를 달래셨습니다. 나를 위해 내 어머니와 유모들의 젖을 채운 건 그들이 아닙니다. 그들을 통해 어린 나에게 이 음식을 주신 분은 바로 주님이십니다. 이것은 곧 주님의 법이 낳은 결과입니다. 주님은 창조세계의 은밀한 통로로 풍요를 베풀어 주셨습니다. 주님은 내가 주님께 받은 것만으로도 만족하게 하셨습니다. 주님은 내 유모들이 주님께 받은 것들을 기꺼이 나에게 베풀도록 하셨습니다. 그들은 하늘이 가르쳐 준 사랑을 베풀어 주었습니다. 주님은 그들이 주님께 넘치도록 받은 것들을 저에게 기꺼이 주도록 하셨습니다. 그들이 나

제2장 유아기 33

에게 베푼 선은 그들을 위한 선이기도 했습니다. 그것은 사실 그들로부터 온 것이 아니라 주님으로부터 온 것입니다.

오, 하나님, 모든 선은 주님에게서 비롯됩니다. 내 안에 있는 것들은 전부 주님께로부터 온 것입니다. 갓난아기 때부터 나는 배웠습니다. 내 안팎의 모든 선은 바로 주님의 선물이라는 사실을.

온갖 선한 선물은 주님이 어떤 분인가를 나에게 선포해 줍니다.

갓난아기였을 때 나는 오로지 젖을 빠는 것밖에 몰랐습니다. 만족스러우면 기뻐하고 몸이 불편하면 우는 것밖에 몰랐습니다. 더 이상 아는 게 없었습니다. 그러다가 미소 지을 수 있게 되었습니다. 처음에는 잠잘 때에만, 그리고 나중에는 깨어 있을 때에도 미소 짓게 되었습니다. 물론 나는 그때를 기억하지 못합니다. 그저 사람들에게 들은 대로 믿을 뿐입니다. 다른 아기들도 똑같이 행동하는 것을 보았으니까요.

아주 조금씩 나는 주변을 의식하게 되었습니다. 하지만 여전히 내 필요를 충족시켜 줄만한 사람들에게 그것을 제대로 전달할 수 있는 방법은 몰랐습니다. 내 소망은 내 안에 갇혀 있었고, 공급자들은 바깥쪽에 갇혀 있었습니다. 그들은 내 생각 속으로 들어올 수 없었습니다. 그래서 나는 팔다리를 휘저으며 울었습니다. 그렇게 내가 원하는 것을 전달했습니다. 물론 그들은 내 뜻을 전혀 못 알아들었습니다. 하지만 그런 건 상관이 없었지요. 그들이 내 요구에 즉시 따르지 않을 경우, 나는 금방 화를 냈습니다. 어른들이 내 말에 따르지 않는다고 화를 냈습니다. 나는 나를 돌볼 의무가 전혀 없는 사람들까지도 나에게 봉사하기를 원했습니다.

그리고 그들이 돌봐주지 않을 경우, 눈물로 그들에게 복수했습니다.

이런 건 아기들의 행동방식이며, 나 역시 그랬다는 것을 잘 압니다. 아기들은 은연중에 나의 이런 부분을, 나를 겪어본 유모들의 설명보다도 더 잘 보여 주었습니다.

보옵소서. 내 안의 아기는 오래 전에 죽었지만, 나는 아직 살아 있습니다. 주님, 주님 안에서는 아무리 미숙한 피조물이라 할지라도 결코 죽지 않습니다. 주님은 영원히 살아 있기 때문입니다. 주님 안에서는 그 무엇도 온 세상이 생기기 이전과 전혀 변함없습니다.

주님은 우리가 "이전"이라고 칭할 수 있는 모든 일들이 벌어지기 전부터 이미 주님이셨습니다.

주님은 하나님이십니다.

주님은 주님이 창조한 모든 만물의 주인이십니다.

주님은 살아 계시며, 영원불변하십니다.

주님은 존재하십니다.

변함이 없는 주님의 샘으로부터 변하는 모든 만물이 흘러나옵니다. 주님 안에는 시간에 매인 모든 만물의 영원한 이치가 들어 있습니다.

주님, 저에게 말씀해 주옵소서. 주님 앞에 서서 간절히 애원합니다. 자비로운 말씀을 저에게 주옵소서. 나는 너무나도 불쌍한 자입니다. 저에게 가르쳐 주옵소서. 내가 아기이기 훨씬 이전에도 나의 시간이 존재했습니까? 내 어머니의 자궁에서 살았던 "나"는 과연 누구였습니까? 그 시기에 관하여 나도 들은 게 있습니다. 아기를 밴 여자들도 많이 보았습니다.

오, 나의 기쁨 되시는 하나님, 그 이전의 시기도 있었습니까?

나는 어디에 있었습니까?

나는 누구였습니까?

아버지도, 어머니도, 그 누구도 나에게 그런 것들을 말해줄 수 없습니다. 배우기 위해 다른 사람들의 경험을 관찰할 수도 없고, 내 자신의 기억도 전혀 남아 있지 않습니다.

이런 질문을 하는 나를 비웃으실 겁니까? 그저 내가 알고 있는 "주님"을 인정하고 찬미하라고 말씀하실 겁니까?

물론 나는 주님을 인정합니다. 주님은 하늘과 땅의 주인이십니다. 또 나는 주님을 찬미합니다. 주님은 내 존재의 조각들을 모아 주시고, 내가 기억하지 못하는 어린 시절을 이끌어 주셨습니다. 또 주님은 우리가 스스로에 관한 본질적 요소들을 발견할 수 있는 길을 약속해 주셨습니다. 우리는 다른 사람들을 보고 알 수 있으며, 우리 안에서 역사하시는 주님에 관하여 많은 것들을 추측할 수 있습니다. 우리는 "연약한 여자들"이 아기를 돌보는 모습을 통해서 주님의 돌보심에 관하여 많은 것들을 배울 수 있습니다.

내가 존재와 생명을 갖고 있었을 때, 그리고 나의 어린 시절이 끝났을 때, 나는 이미 내 느낌을 다른 사람들에게 전달할 수 있는 언어를 사용하게 되었습니다. 주님이 아니라면 어떻게 그런 생각, 그런 전달 방법이 생겨날 수 있었겠습니까? 스스로 만들어진 사람이 도대체 어디 있겠습니까? 주님 말고, 다른 어떤 본질과 생명의 흐름에서 생겨날 수 있겠습니까?

그럴 수 없습니다. 오, 주님, 오직 주님 안에만 본질과 생명이 궁극적으로 존재할 수 있습니다. 주님은 가장 높고 변함이 없는 분이십니다.

주님께는 "오늘"도 결코 끝이 없습니다. 그러나 주님 덕분에 우리의 하루하루가 끝이 납니다. 하루의 끝은 주님 안에서 막을 내립니다. 주님이 그 끝에 찬성하지 않으신다면, 그 누구도 끝맺음을 할 수 없습니다.

주님의 햇수는 결코 끝이 없습니다. 주님의 해는 언제나 "오늘"입니다. 우리와 우리 조상들의 수많은 햇수가 주님의 "오늘"을 통해 흘러갑니다. 주님의 현재는 우리의 잇따른 매 순간들을 측정하고 형성합니다. 앞으로도 수많은 순간들이 흘러갈 것이고, 또 각 순간들은 주님의 존재 틀의 증거를 지닐 것입니다. 그리고 내일이 되어 무슨 일이 일어나도, 주님은 여전히 변함없는 분이십니다.

모든 어제들이 지나간다 할지라도 주님은 여전하십니다. 주님의 오늘 동안 모든 일이 이루어졌습니다.

제2장 유아기

제 3 장

어머니의
돌봄

제 3 장
어머니의 돌봄

　소년시절에 이미 나는 우리에게 약속된 영생에 관해 들었습니다. 우리 주 하나님께서 자신을 낮추시고, 교만한 우리의 자리까지 몸을 굽혀 주신 결과입니다. 주님을 지극히 의지했던 내 어머니의 태 안에서부터, 나는 이미 십자가 표를 받았고 주님의 소금에 절여졌습니다.
　주님, 내가 소년시절에 갑작스런 복통에 시달리다가 거의 죽을 뻔한 일을 다 보셨지요? 하나님, 주님은 내가 내 어머니와 우리 모두의 어머니인 주님의 교회의 자비로운 돌봄 가운데서 얼마나 간절히 그리스도의 세례를 원했는지 다 아십니다. 주님은 이미 나를 지키시는 분이었으니까요. 내 육신의 어머니는 제 정신이 아니었습니다. 주님에 대한 순수한 믿음을 지닌 어머니는 내가 구원으로 새로이 태어나는 모습을 사랑스럽게 지켜보면서 다시 한 번 산고를 겪었습니다. 어머니는 내가 죄를 용서받기 위해 주 예수를 고백하고 또 치유의 성만찬을 통해 성별, 정화되는 모습을 보려고 급히 서둘렀습니다.

그런데 내 병이 금방 나아버렸습니다. 정화예식은 연기되었습니다. 내가 만일 살아난다면 또다시 죄로 오염될 것이 분명했고, 정화예식을 치른 뒤에 지은 죄는 훨씬 더 불결하고 위험하기 때문이었습니다. 그 당시 아버지를 제외한 온 식구가 신앙을 지니고 있었습니다. 아버지는 비록 신앙은 없었지만, 어머니가 나를 아버지처럼 신앙이 없는 사람으로 키우지 않기 위해 헌신하는 것을 말리지는 않았습니다. 어머니의 가장 큰 소원은 하나님께서 내 아버지가 되시어 내 육신의 아버지를 대신해 주시는 것이었습니다. 주님은 어머니가 남편을 이길 수 있도록 도우셨습니다. 주님의 명령에 따라 (비록 어머니가 더 나은 인물이었지만) 남편에게 순종하도록 하신 것입니다.

나의 하나님, 간절히 원하오니, 나의 세례가 연기된 까닭을 가르쳐 주옵소서. 죄 가운데 뛰어들도록 내 고삐를 풀어주신 게 과연 나에게 좋은 일이었습니까?

아니면, 사실은 내 고삐를 풀어 주신 게 아니었나요?

그렇다면 어째서 다음과 같은 주님의 말씀이 내 주변에서 들리는 걸까요? "그를 내버려두자. 자기 원하는 대로 하게 놔두자. 아직 세례도 받지 않았으니까." 하지만 신체적 건강의 경우, "아직 치료를 받지 않았으니, 더 심하게 상처 받도록 내버려두자"고 말하는 사람은 아무도 없습니다. 그 때 치유를 받는 게 더

낮지 않았겠습니까? 그랬더라면 나에게 영혼을 주신 분의 돌보심 아래 내 영혼이 안전을 누렸을 것입니다. 주님이 나를 지켜주시고, 나와 친구들이 훈련을 통해 성장하도록 도와 주셨을 것입니다.

내 어머니는 무슨 일이 생길지 미리 알고 있었습니다. 어머니는 진흙이 아직 부드러울 때 유혹에 노출되는 게 낫다고 생각했습니다. 내가 주님의 틀 속에 다시 던져질 수 있도록.

나는 어른의 세계에 막 들어서기 시작한 가엾은 소년이었습니다. 이 시기에는 거친 행동을 취하는 것보다 거친 말을 내뱉을까봐, 순수를 간직한 사람들에게 질투심을 느낄까봐 더 두려웠습니다.

나의 하나님, 주님께 고백합니다. 나는 세상 사람들의 칭찬을 들었습니다. 그들을 기쁘게 하는 게 나의 명예라고 생각했습니다. 주님의 눈밖에 벗어나, 타락의 구렁텅이로 빠져드는 것을 알지 못했습니다.

주님 보시기에, 내가 얼마나 더 더러워질 수 있었겠습니까? 내 삶은 너무나도 저속해져, 나를 좋아한 사람들조차도 경멸할 정도가 되었습니다. 나는 너무나도 놀고 싶어서 교사와 스승을, 그리고 부모님을 속였습니다. 나는 공허한 구경거리들을 보고 싶어 했고, 끝없이 배우 흉내를 내고 싶어 했습니다.

또 나는 부모님의 지하창고와 테이블에서 도둑질을 했고, 그것을 주고 다른 소년들의 놀이에 끼고픈 욕망과 탐욕의 노예가 되었습니다. 물론 그 소년들도 나만큼이나 놀이를 즐겼지만요. 놀이를 하면서도 나는 다른 아이들을 이기고 최고가 되고픈 헛된 욕심에 부당한 승리를 취하고자 자주 애썼습니다. 그러면서도 다른 아이들이 그런 짓을 하는 건 참을 수 없었습니다. 누군가가 속임수를 쓰는 걸 목격하면 사납게 꾸짖었습니다. 그러면서도 누군가 내 속임수를 눈치 채고 비난할 때엔, 내 잘못을 인정하기보다는 오히려 더 화를 냈습니다.

이런 게 소년시절의 순진함일까요?
아닙니다, 주님, 그게 아닙니다.
결코 그렇지 않습니다.
오, 나의 하나님, 주님의 자비를 간절히 원합니다.
해가 거듭될수록 그런 죄는 굵기 마련입니다.
스승과 교사에 대한 죄, 호두와 공과 참새에 대한 죄가, 나중에는 장관과 왕에 대한 죄, 금과 소유지와 노예에 대한 죄로 커져버립니다. 어른은 회초리보다 더 모진 처벌을 받아야 합니다.
오, 왕이시여, 주님이 하나님의 나라는 어린이의 것이라고 말씀하셨을 때, 저희더러 겸손의 상징으로 삼으라 명하신 것은 그들의 죄가 아니라 바로 겸허한 생각이었습니다(마태복음 18장 4절; 마가복음 10장 14-15절; 누가복음 18:16-17 참고).
주님, 가장 뛰어나시고 선하신 우주의 창조주, 통치자이신 주님께 감사를 드립니다. 주님이 나에게 유아기만 주신다 할지라도 마찬가지입니다. 그 시기에도 이미 내 안에는 신비로운 합일의 흔적이 자리 잡고 있었으니까요.

　나는 하나님과의 합일 가운데 살아 숨쉬고, 느끼고, 내 행복을 조절할 만한 능력을 지니고 있었습니다. 나의 내면적 자아는 외부적 감각이 발견한 사실들을 검증하였습니다. 내 마음을 차지한 이 작은 추구들을 통해서 나는 진리를 기뻐하고 거짓을 미워할 줄 알게 되었습니다. 나는 비상한 기억력과 정교한 말솜씨를 지녔습니다. 게다가 우정의 축복까지 받았습니다. 따라서 얼마든지 고통과 비참과 무지를 피할 수 있었습니다.

　그렇다면 내가 훌륭하고 칭찬받을 만한 삶을 살았기 때문일까요? 아닙니다. 그건 결코 내 행위 때문이 아니었습니다. 이 모든 게 다 하나님의 선물이었습니다 — 결코 나 때문이 아니었습니다.

　나를 만드신 분은 선하십니다.

　그분은 나의 선이십니다.

　내가 소년시절에 누렸던 온갖 선한 것들에 대하여 그분께 찬양을 올립니다. 온갖 죄에 대해서는 그분께 아무런 잘못도 없습니다. 즐거움을 추구하고 화려함과 신비로운 진리를 갈망한 것은 모두 그분의 피조물 — 나, 그리고 다른 사람들 — 이 저지른 잘못이었습니다. 그리하여 우리는 슬픔과 혼란, 오류 속으로 곤두박질쳤던 것입니다.

　하지만 주님께 감사를 드립니다. 나의 기쁨, 나의 영광, 나의 확신, 나의 하나님.
　주님이 주신 선물에 감사를 드립니다.
　주님은 나를 지켜 주신 것처럼 그 선물도 지켜 주셨습니다.
　주님이 주신 선물은 점점 자라 완성될 것입니다.
　그리하여 나는 주님과 함께 있을 것입니다.
　주님이 나를 존재케 하셨음을 잘 알기 때문입니다.

제 4 장

카르타고에서

제 4 장
카르타고에서

나는 카르타고로 갔습니다. 그곳에서 부정한 사랑의 노래가 사방에 울려 퍼지는 가마솥에 귀를 기울였습니다.

나는 사랑을 한 게 아니라, 사랑에 관한 생각들을 사랑했습니다.

심오한 욕망 가운데, 자신이 좀 더 사랑할 수 없다는 사실을 혐오했습니다.

나는 사랑을 향한 내 사랑으로 사랑할 만한 뭔가를 찾아 헤맸습니다.

안전을 몹시 싫어했고, 함정이 없는 길은 결코 좋아하지 않았습니다.

그것은 내 안에 내적 양식의 기근이 들었기 때문입니다. 나는 내 하나님, 주님에게 굶주려 있었습니다. 이것은 배고픔을 느끼는 그런 종류의 기근이 아니었습니다. 사실 나는 썩지 않을 양식에 대한 갈망이 전혀 없었습니다. 하지만 그것은 배가 불렀기 때문이 아니라, 내 속이 허전하고 꺼림칙했기 때문입니다. 그 결과 내 영혼은 연약해지고 몹시 쓰라렸습니다.

처량하게도 내 영혼은, 종기로 인해 가려운 곳을 긁어줄 만한 감각적인 대상을 찾아 헤맸습니다. 하지만 거기에는 사랑이 전혀 없었습니다. 이것들은 영혼이 전혀 없었고, 따라서 사랑의 대상이 될 수도 없었습니다.

그 당시 나로서는 사랑하고 사랑 받는 게 달콤했습니다. 하지만 이윽고 사랑하는 사람을 발견했을 때, 나는 그저 사랑하는 사람의 육체를 소유하고 즐기기만 바랬습니다. 우정의 샘을 발견했건만, 음탕한 부정으로 그만 더럽히고 말았습니다. 진정한 사랑의 빛도 더러운 지옥, 꼴사나운 정욕으로 가려버리고 말았습니다.

하지만 이렇게 지독한 공허함도 겉으로는 세련되고 정교하게 비쳤습니다. 그리하여 나는 그토록 사로잡히고 싶었던 사랑에 흠뻑 빠지고 말았습니다.

자비로우신 나의 하나님, 그 달콤함 속에 얼마나 쓴 것들을 많이 섞으셨습니까? 주님은 너무도 자비로우셨습니다. 나는 사랑을 받았고, 기쁨의 속박을 받았습니다. 하지만 그 속박과 함께 슬픔의 사슬에도 매였습니다. 나는 붉게 달궈진 질투, 의심, 공포, 분노, 다툼의 쇠몽둥이로 매를 맞았습니다.

나는 자신의 비극을 보여주는 것 같은 연극에 푹 빠졌습니다. 연극은 내 불꽃에 기름을 끼얹었습니다. 어째서 사람들은 슬퍼지길 원할까요? 어째서 슬픈 비극을 보며, 겪고 싶지 않은 일들을 대신 경험하는 걸까요? 관객은 이야기를 통해 슬픔을 느끼고 싶어 합니다. 이 고통이야말로 그들의 기쁨인 셈입니다. 정말이지, 가엾은 정신착란 같습니다. 무대에서 벌어지는 일들로 인해 거짓 감정을 끌어내면 낼수록, 우리의 진정한 감정은 자유를 잃고 맙니다.

묘하게도 사람들은 개인적으로 고통을 당할 때에는 "비극"이라고 하고, 남의 이야기를 듣고 고통을 느낄 때에는 일종의 연민이라고 일컫습니다. 하지만 상상의 행위에 대해 느끼는 감정이 도대체 어떤 연민일까요? 연극을 지켜보는 관객은, 고통을 덜도록 도와주라는 게 아니라 그저 슬퍼하라고 초대받았습니다. 따라서 좀 더 많은 슬픔을 자아낼 수 있는 배우가 좀 더 많은 박수를 받습니다. (역사적인 것이든 허구적인 것이든) 묘사된 고난이 감동의 눈물을 자아내지 못한다면, 관객은 결국 비판을 해가며 자리를 뜨고 말 것입니다. 반대로, 감동을 받아 고통을 느낄 경우, 관객은 열심히 지켜보면서 기쁨의 눈물을 흘릴 것입니다.

그렇다면 우리가 정말로 슬픔을 사랑하는 걸까요? 물론 모두가 기쁨을 원합니다. 비참해지길 원하는 사람은 아무도 없습니다. 그렇다면 아마도 우리는 연민의 감정을 갖고 행동하는 걸 좋아하는지도 모르겠습니다. 연민은 고통 없이 존재할 수 없습니다. 오로지 이 이유 하나만으로 우리는 자신의 고통을 자극합니다. 이러한 애정의 욕구가 바로 우정의 통로입니다. 하지만 고통은 그 통로의 어디쯤 흘러가고 있을까요? 우정에 고통이 더해지면, 녹아서 부글부글 거품이 이는 송진의 강으로 흘러갑니다. 이 미덕은 우리의 의도대로 정욕의 파도로 변합니다. 그것의 감정은 하늘의 명백함을 지녀야 하지만, 자신의 길을 가도록 내버려둘 경우 오히려 부패하고 맙니다.

그렇다면 연민의 감정을 모두 회피해야 할까요? 물론 그렇지 않습니다. 감정으로부터 슬픔을 취하는 것은 결코 잘못이 아닙니다. 하지만 부정의 유혹을 조심해야 합니다. 오, 내 조상들의 존귀하신 하나님의 보호를 받고 있는 나의 영혼아, 부정을 조심하여라.

그 시절 나는 끊임없이 연민을 느꼈습니다. 하지만 나는 연인들 속에서 기쁨을 발견했고, 어떻게 하면 서로의 몸을 즐길 수 있을지, 사악한 상상을 품었습니다. 비록 연극의 상상 속에서지만요. 무대 위의 연인들이 서로를 잃었을 때, 나는 그들에게 연민과 슬픔을 느꼈습니다. 그러면서도 이런 감정들 가운데 은밀한 기쁨을 맛보았지요. 하지만 이제는 그러한 비참함 가운데서 여전히 행복을 맛보는 사람들에게 연민을 느낍니다. 가엾은 환희에 대한 해로운 탐닉을 놓쳐버린 사람에게 느끼는 것보다 더 많은 연민을 느낍니다. 이것이야말로 진정한 연민입니다 — 슬픔 속에서 기뻐하는 게 아닙니다.

다른 이들의 비극을 공유할 만큼 사랑을 베푸는 이는 물론 칭찬을 받아야 하겠지만, 진정한 연민은 슬픔을 느낄만한 핑계를 찾지 않는 것입니다. 만일 우리의 선한 의지가 연극의 자비처럼

악한 의지를 갖고 있다면(물론 그런 건 모순이겠지요), 다른 이의 슬픔을 공유한 사람은 자신이 좀 더 동정할 수 있도록 훨씬 더 비참해지길 원할 것입니다.

슬픔은 인간에게 허용된 감정입니다. 하지만 우리가 주 하나님, 주님을 닮았다면 결코 요구하지 말아야 할 감정입니다. 왜냐하면, 우리보다 훨씬 더 순수하게 영혼을 사랑하시며, 다른 이들에게도 완벽한 동정심을 느끼시는 주님이, 상처를 받되 결코 슬퍼하지 않으시기 때문입니다. 우리가 어떻게 해야 이런 주님을 닮을 수 있을까요?

내가 연극적인 감정을 사랑하고, 가짜에 감정 이입할 만한 기회를 노리고, 비극을 흉내 냈던 것은 모두 고독하다는 증거였습니다. 고독했기 때문에 연극을 사랑하고 고통이 깃든 무대에 매료되었던 것이죠. 연극이 그저 눈물만 자극할지라도 말입니다. 그러니, 주님의 보호에 만족하지 못했던 이 길 잃은 불행한 양이 더러운 병에 걸렸다 한들, 뭐가 이상하겠습니까? 내가 불행을 사랑하게 되었으니, 불행이 저에게 들이닥치지 않을 리가 있겠습니까? 나는 실생활의 외면을 살짝 긁어줄 뿐인 허구에 귀를 기울이는 것도 전혀 주저하지 않았고, 그것을 들여다보는 것도 전혀 거리끼지 않았습니다. 그것은 감염된 손으로 살갗을 긁은 나머지 염증이 생기고 피고름이 고인데다가 상처가 곪아 터진 것과도 같았습니다. 오, 나의 하나님, 그런 게 과연 진정한 삶이라 할 수 있을까요?

하지만 그때에도 주님의 신실하신 자비가 나를 감싸 주었습니다. 나는 주님을 피해 움츠러들었습니다. 슬픈 죄악에 육체를 허비하느라 바빴고, 주님을 모욕하는 사변적인 철학을 추구하느라 바빴습니다. 내가 주님을 버렸으므로, 주님은 내가 위험한 구렁텅이로 다가가게 내버려두셨습니다. 나는 그만 유혹에 빠져 악마를 섬기게 되었습니다. 악마에게 사악한 제물을 바쳤습니다. 내 맘대로 이 모든 일을 저지르는 동안, 나는 주님의 채찍질을 속으로 느끼고 있었습니다.

한 번은 교회에서 주님께 예배를 드리는 동안, 감히 죽음에 이르는 죄를 도모하기까지 했습니다. 그로 인해 주님은 비참한 벌을 내리셨지만, 오, 나의 하나님, 너무나도 자비로우신 주님을 결코 탓하지 않겠습니다. 나는 교만하여 파멸의 길을 배회하고 주님으로부터 도망쳤건만, 주님은 나를 끔찍한 파멸로부터 안전하게 지켜 주셨습니다.

내가 주님의 길이 아닌 나 자신의 길을 얼마나 사랑했는지요?

내가 방랑자의 자유를 얼마나 좋아했는지요?

학생으로서 나의 수양은 칭찬을 받았습니다. 나는 법정에서 두각을 나타내는 탁월한 변호사가 될 수 있으리라 생각했습니다. 칭찬을 받으면 받을수록 가능성이 커졌습니다. 하지만 인간은 얼마나 눈먼 존재인지, 앞을 못 보는 상태도 자랑스럽게 여길 정도입니다. 나는 수사학에서 반 수석을 차지한 것에 그만 우쭐해져, 오만 덩어리가 되고 말았습니다.

주님, 주님도 아시거니와, 분명코 나는 파괴자들의 행위에 동참하지 않았습니다. 불운하고 악마적인 이 이름은 주변 사람들에게 인정받을 수 있는 상징과도 같았습니다. 그들의 행동을 따라 하진 않았지만, 수치스럽게도 나는 그들과 어울려 다녔습니다. 그들의 행동을 싫어하면서도, 그들과 함께 생활했고, 때로는 그들의 우정을 기뻐했습니다. 그들은 신참의 순박함을 무너뜨리는 데서 자부심을 느꼈습니다. 조악하고 심술궂은 언동으로 낯선 이들의 삶을 지독하게 괴롭혔습니다. 사람들을 사악함으로 유인하려는 그들의 노력보다 더 악마적인 행위도 없을 것입니다. 그러니 그들이 스스로 일컫는 이름 — "파괴자" — 보다 더 잘 어울리는 이름이 어디 있겠습니까? 그들은 먼저 스스로를 무너뜨리고 철저히 타락시켰습니다. 그러자 현혹시키는 영이 그들을 은밀히 조롱하였습니다. 그런데도 그들은 자기가 남을 조롱하고 속일 수 있을 정도로 아주 세련된 존재라고 착각했습니다.

혼란에 빠진 채 그런 사람들과 함께 생활하던 나는 위대한 수사학 서적들을 공부했고, 탁월한 웅변가가 되는 걸 꿈꿨습니다. 명성은 나의 혐오스럽고도 공허한 목표였습니다. 인간적인 자만에 빠져 즐거워했던 것입니다.

공부를 하다가 우연히 키케로의 책을 읽게 되었습니다. 대부분의 사람들은 그의 정신이 아니라 문장력을 칭송합니다. 하지만 『호르텐시우스』는 철학에 대한 권면이었는데, 이 책은 나의 태도를 변화시켰고, 새로운 목표와 소망을 가지고 주님께 기도하도록 만들었습니다. 키케로는 온갖 공허한 소망들이 다 쓸데 없다는 사실을 가르쳐 주었습니다. 갑자기 영원한 가치를 지닌 지혜를 찾고픈 강렬한 욕구가 불타올랐습니다. 드디어 주님께 돌아가기로 작정하기 시작한 것입니다. 나는 그 책을 웅변을 위해 내 혀를 연마하는 데 사용하지 않았습니다. 그런 건 어머니가 부쳐 주신 돈으로 충당했습니다.

그 당시 나는 열아홉 살이었고, 아버지는 2년 전에 돌아가셨습니다. 나는 물질주의를 극복하고 주님을 찾게 되길 간절히 원했습니다. 주님이 나를 무엇이 되게 하셨느냐는 이제 더 이상 문제가 되지 않았습니다. 지혜가 주님 안에 있고, 지혜를 향한 사랑이 곧 "철학"이기 때문입니다. 그 책은 철학으로 내 안에 불을 지폈습니다.

어떤 이는 사람들을 유혹하기 위해 철학을 이용하기도 합니다. 장황한 언어와 미묘한 논쟁, 고귀하게 들리는 이름들로 자신의 잘못을 가리는 것입니다. 이 책은 키케로 시대와 그 이전에 철학을 남용했던 사람들 거의 모두를 책망하고 있습니다. 그릇된 철학들에 관하여 읽는 동안 나는 성령님의 유익한 조언이 필요하다는 사실을 깨달았습니다. 주님의 헌신적인 종도 이것을 명백히 밝힌 바 있습니다. "누가 철학이나 헛된 속임수로, 여러분을 노획물로 삼을까 조심하십시오. 그런 것은 사람들의 전통과 세상의 유치한 원리를 따른 것이요, 그리스도를 따른 것이 아닙니다. 그리스도 안에서는 하나님의 모든 신성이 몸이 되어서, 충만하게 머물러 있습니다"(골로새서 2장 8-9절 참고). 오,

내 마음의 빛이시여, 주님도 아시거니와, 그 무렵 나는 사도들이 기록한 성서를 전혀 이해할 수 없었습니다. 따라서 키케로의 권면을 읽고 변화되긴 했지만, 아직 내 마음은 강렬한 깨달음에 흥분한 정도였습니다.

나는 흥분한 상태에서 지혜 그 자체를 — 그것이 무엇이든지 — 사랑하고, 추구하고, 획득하고, 붙잡고, 껴안았습니다.

이렇듯 키케로의 권면으로 불타오르게 된 엄청난 불꽃 속에서도, 딱 하나, 내가 극복할 수 없는 게 있었습니다. 그것은 바로 키케로의 사상이 그리스도를 전혀 모른다는 것이었습니다.

나는 주님의 아들, 내 구세주의 이름을 내 어머니의 젖이 담긴 부드러운 가슴에서 경건하게 들이마셨습니다. 예전에는 그것을 내 안 깊숙한 곳에 감춰두었습니다. 자비롭게도, 내가 아무리 많이 배우고, 세련되고, 심오해진다 할지라도, 그 이름 외에는 아무 것도 나를 완전히 사로잡을 수 없었습니다.

결국 나는 성서에 마음을 쏟기로 작정했습니다. 그 속에 무엇이 들어 있는지 알고 싶었습니다. 하지만 어찌된 일인지, 성서에는 교만한 이들이 이해할 수 없는 것, 어린애 같은 이들이 도저히 알 수 없는 게 있었습니다. 기본적인 언어는 저급한 사람들도 이해할 수 있지만, 깊숙이 들어가면 고상한 신비가 숨겨 있었습니다.

세상적인 생각에서 나는 고개를 숙이고 기어갈 수 없었기에 그 좁은 길로 들어갈 수가 없었습니다. 그때만 해도 성서에 대한 느낌이 지금과 사뭇 달랐습니다. 키케로의 장중함과 비교해서, 성서의 언어는 가치가 없어 보였습니다. 오만 덩어리인 나는 이 간단한 구절들을 업신여겼고, 나의 예리한 문학적 재치도 성서의 내적 의미를 전혀 꿰뚫어보지 못했습니다.

성서의 언어는 작은 이들의 마음에 좀 더 쉽게 와 닿는 것이었습니다. 하지만 나는 학식이 많았기에 스스로 작아질 수가 없었습니다. 오만한 내 머리는 위대함을 추구했습니다.

그리하여 나는 나처럼 교만한 이들, 세속적인 수다를 좋아하는 이들의 영향을 받았습니다. 그들의 입은 악마의 함정이었습니다. 주님의 이름과 우리 주 예수 그리스도, 성령님, 우리의 중재자, 위로자께 드리는 찬미의 음절들 속에 그런 함정들이 파여 있었습니다. 그들은 주님에 관해 계속해서 좋게 말했지만, 하나님을 찬미하고픈 그들의 소망은 혀로 지껄이는 소리에 불과했습니다. 그들 마음속에는 진실이 없었습니다.

그들은 "진리! 진리!" 하고 외치면서, 늘 진리에 관하여 말했습니다. 하지만 그들의 말은 주님이 전혀 없는 거짓이었습니다. 진리는 오직 주님 안에만 있는데 말입니다.

더군다나 그들은 세상의 모든 요소들과 주님이 지으신 만물에 대해서도 아무런 말이 없었습니다. 내 아버지, 주님을 향한 사랑 때문에 나는 진리를 얘기하는 철학자들까지도 그냥 지나쳐야만 했습니다. 주님의 지극하신 선이 온갖 아름다운 것들 중에서도 가장 아름답습니다.

오, 진리, 진리시여!

그들이 방대한 서적을 들여다보고, 내가 보기엔 주님의 메아리에 불과한 여러 가지 심오한 사상을 발견해내는 동안, 내 영혼의 중심은 남몰래 주님을 갈망하였습니다. 그 책들이 과연 진리의 메아리이기나 했을까요? 그것들은 해와 달을 차려 놓은 큰 접시에 불과했습니다.

나는 주님의 작품이 아니라 바로 주님에게 굶주렸습니다. 해와 달은 주님의 아름다운 작품이지만, 가장 위대한 작품은 아닙니다. 주님이 지은 영적 세계는 빛나고 거룩한 물질세계의 온갖 작품들보다도 훨씬 더 훌륭합니다. 하지만 나는 주님의 가장 훌륭한 작품에 대해서도 허기나 갈증을 느끼지 않았습니다. 오직 주님 자신, 진리에 대해서만 허기와 갈증을 느꼈습니다. 주님 안에는 변함도 없고 움직이는 그림자도 없습니다(야고보서 1장 17절 참고).

사람들은 찬란한 환상들을 내 접시에 담아 주었습니다. 어쩌면 해 자체를 사랑하는 것이 더 좋았을 뻔했습니다. 최소한 해는 우리 눈에 보이니까요. 그만 나는 상상 속의 믿을 수 없는 환상들과 사랑에 빠져 버렸습니다. 물론 그것이 주님의 진리라고 생각하고 받아먹었습니다. 하지만 이 정신적 음식을 즐길 수는 없었습니다. 주님의 실재와 맛이 달랐기 때문입니다. 결국 주님은 그들의 공허한 철학에서 결코 찾을 수 없는 분이셨습니다.

그들의 사상은 영양분을 공급하는 게 아니라 오히려 쇠약하게 만들었습니다. 꿈속의 음식은 실제 음식과 아주 비슷한 것 같지만, 꿈속에서 그것을 먹는 사람은 결코 영양분을 섭취할 수 없는 법입니다. 내가 먹은 사상들은 주님과 전혀 달랐습니다. 이제는 나도 잘 압니다. 주님이 가르쳐 주셨기 때문입니다. 그것은 마치 꿈에서 깨는 것과도 같았습니다. 거짓 형상들이 땅과 하늘의 실재들을 대신하는 물질세계의 환상에서 말입니다.

차라리 우리 주변에서 우리 눈으로 볼 수 있는 것들, 동물과 새들도 볼 수 있는 확실한 것들을 연구하는 게 더 나을 것입니다. 실제적 대상이 환상보다 더 확실하기 때문입니다.

다시 말해, 우리는 정신 속에 실재들을 고착시킬 수 있을 때, 그것들에 관한 추측이 무의미하다는 사실을 깨닫게 됩니다. 사실과 일치하지 않기 때문입니다. 그런 추측들은 가라지와도 같습니다. 먹을 수 없는 것입니다.

하지만 내 영혼의 사랑이신 주님을 찾다가 그만 나는 굶주림에 실신하고 말았습니다. 주님은 우리 눈에 보이는 물질세계에 존재하시지 않으셨습니다. 물론 하늘에 계시지만, 그것은 우리 눈에 보이는 하늘과 달랐습니다. 주님이 그것들을 만드셨습니다. 하지만 그것들은 주님의 가장 고귀한 작품들 축에 끼지도 못합니다.

주님은 실제와는 아무런 상관도 없는, 천체에 관한 나의 환상과 얼마나 멀리 떨어져 계십니까? 또 실제로 창조세계에 속한 것들과 유사한, 우리를 현혹시키는 형상들과는 얼마나 멀리 떨어져 계십니까? 환상도 분명한 것 같아 보이지만, 그래도 좀 더 분명한 것은 실제의 대상입니다.

확실한 것은 그것들이 결코 주님은 아니라는 사실입니다. 그것들 안에는 생명의 불꽃이 없습니다.

그리고 좀 더 확실한 것은 물체를 초월한 생명입니다. 생명은 그 어떤 물체보다도 나은 것입니다.

주님은 영혼들의 생명이시며, 주님 안에서 생명을 지닌 모든 생명체들의 근원 되시는 생명이십니다.

변함이 없는 주님은 내 영혼의 생명이십니다.

주님은 저 높은 곳에서 손을 내밀어 그 심원한 어둠으로부터 내 영혼을 끌어내 주셨습니다. 주님의 신실한 종, 내 어머니는 주님 앞에서, 다른 어머니들이 자녀의 죽음 앞에서 흘리는 것보다 더 많은 눈물을 흘렸습니다. 어머닌 내 앞에 놓인 죽음을 알아챘습니다. 주님이 주신 신앙과 영을 지니고 있었기 때문입니다. 오, 주님, 주님은 내 어머니의 울음소리를 들으셨습니다. 그것을 듣고 무시하지 않으셨습니다. 어머니가 기도할 때마다 눈물이 흘러내려 땅을 적셨습니다. 그렇습니다, 주님은 어머니의 기도를 들으셨습니다.

주님이 위로해 준 그 꿈 때문에 어머니는 나를 집으로 맞아들였습니다. 그 후로는, 비록 내가 저지른 잘못이 혐오스럽고 또 내 신성모독죄 때문에 소름이 끼쳤지만, 다시금 나와 한 식탁에서 밥을 먹게 되었습니다. 꿈속에서 어머니는 고통과 슬픔에 몸부림치며 목공의 막대 자 위에 앉아 있는 자신을 보았습니다.

빛나는 한 청년이 미소를 지으면서 기운차게 다가왔습니다. 그 청년은 어머니에게 배울 필요가 전혀 없었고, 다만 어머니를 가르치고자 했습니다. 그가 왜 매일 그토록 슬피 우냐고 물었습니다. 어머니는 나의 멸망 때문에 슬퍼서 운다고 대답했습니다. 그러자 그는 그만 울고 안심하라고, 어머니 곁에 나도 함께 있는 걸 보고 깨달으라고 말했습니다. 고개를 들어보니, 정말로 나와 어머니가 같은 자 위에 서있었습니다. 주님, 이것은 곧 주님이 어머니께 마음을 기울이고 계신다는 증거 아닙니까? 오, 하나님, 주님은 전능하신 분입니다. 각 사람을 오직 하나밖에 없는 존재처럼 돌봐주십니다. 주님은 모든 사람을 저마다 유일한 존재처럼 보살피십니다.

  어머니가 그 꿈에 대해 이야기하자, 나는 어머니도 전에는 나와 같은 곳에 있었으니 결코 절망하지 말라는 의미라고 해석하고 싶었습니다. 하지만 어머닌 주저 없이 대답했습니다. "그게 아니야, 내가 들은 건, 네 곁에 나도 함께 있다는 게 아니라, 내 곁에 너도 함께 있다는 것이었어."

  오, 주님, 내가 종종 말해왔듯이, 깨어 있는 내 어머니를 통해 대답해 주신 분은 바로 주님임을 고백합니다. 어머니는 그릇된 내 해석이 그럴싸하다는 생각조차도 하지 않았습니다. 어머니는 보아야 할 것을 곧바로 보았던 반면, 나는 어머니가 말해주기 전까지 조금도 알아채지 못했습니다. 꿈보다도 어머니의 확신이 나를 더 감동시켰습니다. 그 꿈을 통해서 거룩한 여인에게 기쁨이 찾아왔습니다.

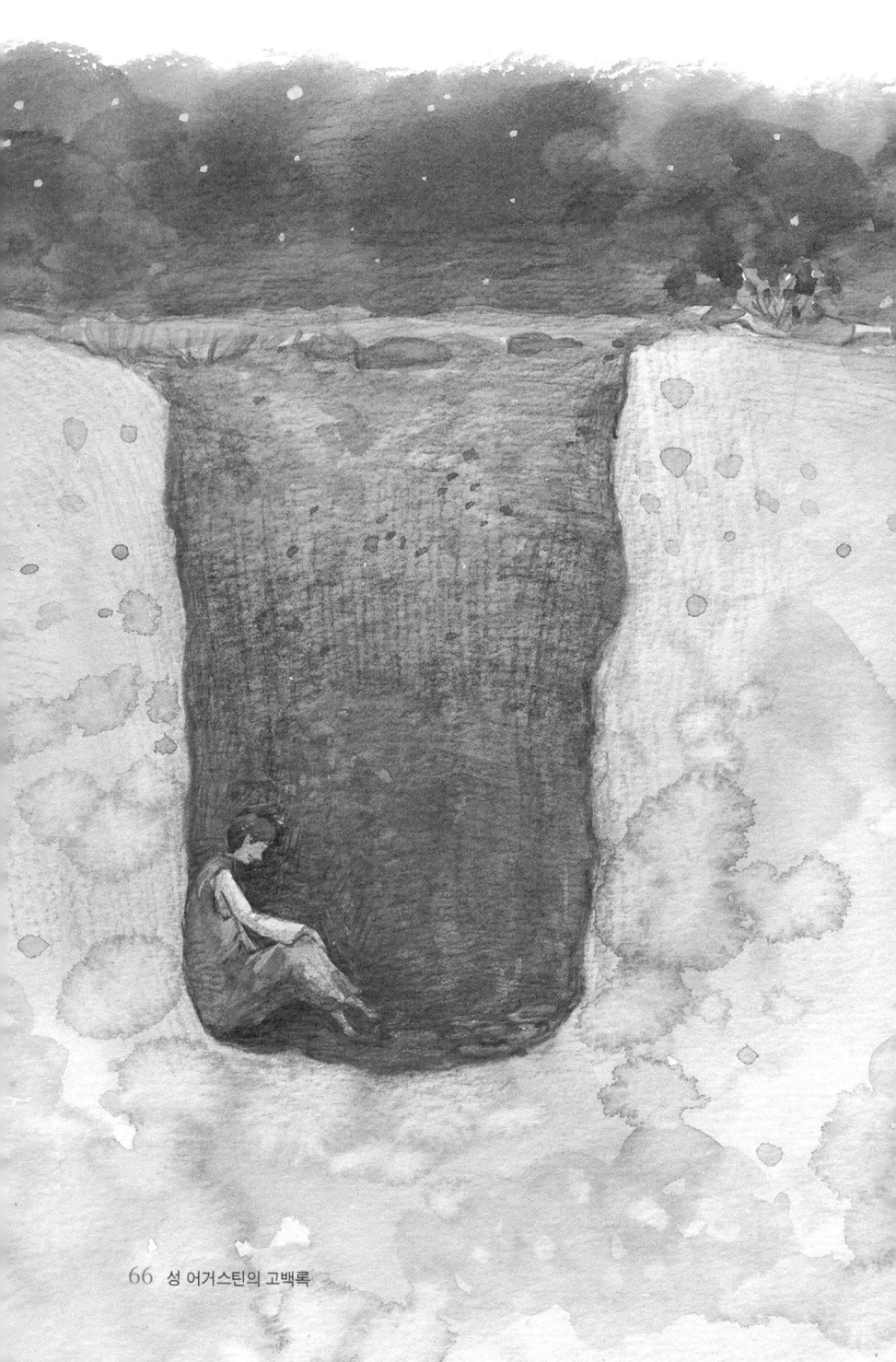

어머닌 때 이른 그 약속을 통해 현실의 고통을 위로 받았습니다. 오랜 시간이 흐른 뒤에야 비로소 그 약속은 성취되었습니다. 거의 9년 동안이나 나는 거짓의 어둠 속 깊은 나락에 빠져 진흙탕에서 허우적거렸습니다(시편 40편 2절 참고). 그 수렁에서 빠져 나와야 한다고 생각한 적도 많았지만, 번번이 나락으로 세차게 내동댕이쳐졌습니다. 물론 그 순간에도 정숙하고, 독실하고, 근엄한 내 홀어머니는 눈물과 탄식의 기도를 멈추지 않았습니다. 어머닌 늘 혼신을 다해서 주님 앞에 내 문제를 털어놓았습니다. 이미 소망이 깃든 위로를 받았음에도 불구하고 말입니다. 주님은 사랑이 많으시기에, 어머니의 기도가 주님께 상달되었습니다. 하지만 주님은 내가 여전히 어둠 속을 배회하도록 내버려두셨습니다.

여기선 모든 걸 일일이 말하지 않고 넘어가겠습니다. 주님께 고백할 일들이 너무나도 많은데다가, 기억나지 않는 일도 많기 때문입니다. 하지만 주님이 어머니께 한 번 더 응답해 주신 일을 나는 기억합니다. 그 응답을 전해준 사람은 주님의 제사장, 곧 주님의 교회와 주님의 성서에 정통한 어느 주교였습니다. 어머닌 이분께 나를 가르쳐 달라고, 내 잘못을 밝히고, 거짓을 바로잡고, 선을 전달해 주라고 간청했습니다. 하지만 그는 현명하게도 어머니의 부탁을 거절했습니다. 물론 그는 나에게 가르침을 줄 수도 있었습니다. 나중에야 비로소 나는 그가 가르침을 주지 않은 이유를 깨닫게 되었습니다. 나는 아직 가르침을 받을 준비가 안 되어 있었던 것입니다. 여전히 거짓 가르침의 신비로운 독창성에 대해 자부심을 느끼고 있었으니까요.

어머닌 내가 수사학적인 기술을 사용하여 간교한 질문들로 미숙한 사람들을 미혹한다고 그분께 말했습니다.

그러자 그 주교는 이렇게 말했습니다. "당분간은 그대로 내버려 두십시오. 그저 아들을 위해 기도하십시오. 그 스스로 자기 잘못을 깨닫고, 그것이 하나님께 얼마나 불경한 짓인지 알게 될 것입니다."

그런 다음 그는 자기 어머니가 마니교에 현혹되어 자기까지 마니교 신자들에게 넘겼던 일을 들려주었습니다. 그는 마니교 서적들을 거의 다 읽고, 나아가 손으로 베껴 쓰는 일도 자주 했습니다. 그 당시에는 그와 논쟁을 벌일 사람도 없었고, 그에게 뭔가를 입증할 사람도 없었습니다. 하지만 그는 곧 그 종파가 회피해야 할 대상임을 깨달았고, 그 뒤로 그것을 멀리했습니다.

그가 이런 말을 했는데도 어머닌 만족하지 못하고 계속해서 그에게 애원하고 빌었습니다. 나를 만나 이야기를 나눠보라고 눈물로 하소연했습니다.

어머니의 끈덕진 간구에 조금 당황한 그가 마침내 이런 말을 하였습니다. "하나님의 축복을 받고 집으로 돌아가십시오. 이 정도 눈물의 아들이 멸망하는 일은 있을 수 없으니까요."

어머니는 그 대답이 하늘에서 내려온 것으로 여겼습니다. (그리고 그 일에 대해 자주 이야기했습니다.)

제 5 장

감사 제물

제 5 장
감사 제물

　내게 은총을 내려 주셔서, 과거의 내 방황을 기억하시길 간구합니다. 오, 나의 하나님, 그 방황의 시간을 주님께 감사 제물로 바치겠습니다. 주님이 없다면 나는 스스로를 파멸로 이끄는 안내자에 지나지 않습니다. 기껏해야 주님의 젖을 빨고 주님의 손에서 영원한 양식을 게걸스레 받아먹는 아기일 뿐입니다.
　하지만 그렇지 않은 사람이 어디 하나라도 있겠습니까?

　그 당시 현명하고, 아주 노련하고, 유명한 의사가 한 명 있었는데, 그가 늙은 손으로 열이 끓는 내 머리에 치유의 화관을 씌어 주었습니다. 하지만 그는 나의 치유자가 아니었습니다. 오직 주님만이 교만한 이들을 물리치고 겸손한 이들에게 은혜를 주심으로써 이 병을 고칠 수 있었습니다.

그렇다면 주님은 그 노인을 통해 내 병을 고치지 못하신 건가요, 아니면 내 영혼의 치유를 허락하지 않으신 건가요?

이 노인과 점점 친해지면서 나는 그의 진술 방식을 존경하고 그가 말하는 것을 주의 깊게 듣기 시작했습니다. 그는 생생하고, 생명력이 있고, 진지한 방식으로 간결한 단어들을 사용했습니다. 대화 가운데 내가 탄생별자리 점성술 서적을 공부하고 있음을 알게 된 그는, 그런 책들을 내버리라고, 중요한 일에 쏟아야 할 관심과 열정을 더 이상 그런 쓸데없는 일에 허비하지 말라고, 친절하고 자애롭게 조언해 주었습니다.

그는 자신도 젊었을 적에 생계유지 수단으로 점성술을 배운 적이 있다고 말했습니다. 히포크라테스의 책들을 다 이해한 그는 곧 점성술의 대가가 되리라고 생각했습니다. 하지만 그는 결국 점성술을 거부하고 대신에 의술을 선택하게 되었습니다. 점성술은 순전히 거짓이라는 사실을 깨달았기 때문입니다. 그는 매우 엄숙한 사람이었기에, 사람을 속이면서까지 생계를 유지할 수는 없었던 것입니다.

그는 이렇게 말했습니다. "하지만 자네는 수사학으로도 얼마든지 먹고 살 수 있으니, 자네가 점성술을 공부하는 건 돈 때문이 아니라 그저 그러고 싶기 때문이겠지. 그러니 내 말에 귀를 기울이게. 난 오직 점성술로만 생계를 유지할 수 있는 대가가 되기 위해 노력했던 사람이니까."

나는 어째서 탄생별자리에 따라 예언한 일들이 그대로 이뤄지는 경우가 많은가를 물었습니다. 그러자 그는 모든 만물의 본질에 속하는 우연의 단순한 규칙들이 그런 예언들을 이뤄주는 경우가 있다고 대답했습니다. 그것은 마치 우리가 어떤 시집을 무턱대고 펼쳤을 때, 그 시인의 생각은 전혀 다른 것임에도 불구하고, 우리가 생각해온 것과 놀랍게도 일치한다고 여기는 일이 많은 것과도 같은 이치입니다. 하지만 이것은 전혀 놀라운 일이 아닙니다. 그 사람의 영혼이 무의식 가운데, 구도자의 행위를 지도할만한 대답을 찾기 위해서 좀 더 고상한 지식을 추구하고 있기 때문입니다. 그 대답은 학문이 아니라 우연에서 비롯되는 것입니다.

주님은 그 의사를 통해 많은 것들을 가르쳐 주셨습니다. 하지만 나중에 혼자서 검토해 봐야겠다는 생각도 함께 심어 주셨습니다. 그 당시 그는 내가 점성술을 포기하도록 설득하지 못했습니다. 소중한 친구, 네브리디우스도 그러지 못했습니다. 그는 대단히 선하고 경외심을 품은 청년으로서, 점 같은 것들은 모두 비웃었습니다. 하지만 나는 그 후로도 한참 동안이나 점성술 책 저자들의 권위에 휘둘렸습니다. 예언이 실제로 이루어지는 게 그저 우연의 일치일 뿐이라는 사실을 입증해 줄만한 아무런 증거도 찾지 못했기 때문입니다. 내가 보기에 상담자인 점성술사들이 예언한 일들은 충분히 그대로 이루어지는 것 같았습니다.

그 즈음 나는 고향으로 돌아가 수사학을 가르치기 시작했는데, 내 또래이면서 나와 마찬가지로 이제 막 출발선에 선 소중한 친구 한 명과 재회했습니다. 우리는 함께 자랐고, 학교 친구인 동시에 소꿉친구였습니다. 소년시절엔 그리 친한 사이가 아니었지만, 나중에는 아주 친한 사이가 되었습니다. 그래도 성령이 우리 가운데 부어 주시는 사랑으로 둘의 우정을 굳히지 않는 한, 진정한 우정이란 결코 존재할 수 없습니다.

같은 학문에 대한 관심 때문에 우리의 우정은 점점 더 깊어갔습니다. 나는 그를 진정한 신앙으로부터 떼어놓았습니다. 어린 시절 그는 신앙을 완전히, 철두철미하게 받아들이지 않았습니다. 나는 어머니가 그토록 싫어했던 바로 그 미신과 사악한 이야기 쪽으로 그를 잡아챘습니다.

우리는 한 마음이 되어 이 거짓에 빠져들었고, 나는 곧 정신적인 후원자로 그를 의지하게 되었습니다. 하지만 우리 도망자들은 주님이 얼마나 가까이에서 뒤쫓고 계시는지 전혀 몰랐습니다. 주님은 복수의 하나님인 동시에 자비의 근원이셨습니다.

주님은 놀라운 방법으로 우리가 주님을 향하게 만드셨습니다.

주님은 우리 우정이 시작된 지 딱 일 년 만에 그의 생명을 빼앗아가셨습니다. 돌이켜 보건대, 그 친구와의 우정은 내 생애에서 가장 소중한 것이었습니다.

주님이 우리를 내적으로 이끌어 주시는 온갖 방법들에 대해 어찌 이루 다 찬양할 수 있겠습니까? 나의 하나님, 그 당시에는 주님이 심사숙고 끝에 행하신 일을 도무지 이해할 수 없었습니다. 그 친구는 지독한 열병에 걸려 오랫동안 누워 지냈습니다. 죽기 직전에는 아예 의식도 없었습니다. 모두가 그의 회복을 포기했고, 그는 혼수상태에서 세례를 받았습니다. 하지만 나는 그것을 거의 인정하지 않았으며, 그의 정신은 내게서 받은 믿음을 그대로 지니고 있으리라 생각했습니다. 의식도 없는 상태에서 행해진 세례가 별다른 영향을 미치진 못했을 거라고 생각했습니다.

그러나 결과는 전혀 달랐습니다. 그는 이 위기를 넘긴 뒤에 조금씩 회복하기 시작했습니다. 나는 한시도 병상을 떠나지 않았고, 우리는 아주 가까운 사이가 되었습니다. 그와 대화를 나눌 수 있게 된 순간 — 그러니까 그가 말을 할 수 있게 된 순간 — 나는 그가 의식이 하나도 없는 상태에서 세례를 받은 일에 대해 농담을 늘어놓기 시작했습니다. 하지만 그는 자신이 세례 받은 걸 잘 알고 있었고, 내가 마치 적이라도 되는 양 외면해 버렸습니다. 놀랍고도 갑작스런 해방감 속에서, 그는 자신의 친구로 남고 싶다면 다시는 그런 식으로 말하지 말라고 못 박았습니다.

나는 무척이나 놀랐습니다. 하지만 그가 기운을 차릴 때까지는 놀라움을 드러내지 않기로 했습니다. 그는 나의 격분을 눈치 채지 못하고 지나갔습니다. 주님의 보호를 받을 수 있도록, 그리고 결국은 내가 위로를 받을 수 있도록 말입니다.

며칠 후, 내가 자리를 비웠을 때, 열병이 갑자기 도지는 바람에 그는 세상을 뜨고 말았습니다.

슬픔에 찬 내 마음은 완전히 어두워졌습니다. 사방에 죽음이 보였습니다. 이제는 고향에서 산다는 게 고통스러웠고, 아버지

집에서 지내는 것도 우울하기 짝이 없었습니다. 그 친구와 함께 했던 일들이 모두 괴로운 고문으로 여겨졌습니다. 어느 곳에 가든지 그를 찾았지만, 그는 아무 데도 보이지 않았습니다. 더 이상 그가 없기에, 나는 모든 장소를 싫어하게 되었습니다. 이제 그 어느 곳에서도 그를 만날 수 없었습니다. 아직 살아 있었을 때 잠시 내 곁을 떠난 것과는 너무도 달랐습니다.

그 정도로 심각한 슬픔은 내 자신에게도 수수께끼 같았습니다. 그토록 슬픈 이유가 뭐냐고, 어째서 이렇게 불안에 떠느냐고 내 영혼에게 물었으나, 아무런 대답도 없었습니다. 내 영혼에게 하나님을 신뢰하라고 한들, 금방 퇴짜를 맞았을 것입니다. 내 영혼이 상실하여 그토록 슬퍼하고 있던 내 가장 소중한 친구는, 내가 신뢰하고자 했던 유령 신보다 좀 더 사실적이고 선한, 진짜 사람이었기 때문입니다.

오직 눈물만이 나에게 도움이 되었습니다. 눈물은 내 친구에 대한 심오한 사랑을 가장 잘 드러내 주었습니다.

이제는 그 모든 것들도 다 지나갔습니다.

시간이 내 상처를 아물게 했습니다.

진리이신 주님께 배우고 싶습니다.

내 마음의 귀를 주님의 입술에 기울이도록 허락해 주옵소서.

어째서 눈물이 슬픔을 위로해야 합니까?

어느 곳에나 계신 주님이 저희의 비통함을 외면하십니까? 온갖 시험에 빠진 저희를 멀리 내치십니까? 주님이 저희 슬픔에 귀 기울여주지 않으신다면, 아무런 희망도 없습니다. 인생의 쓴 포도주를 마시는 것 외에, 어떤 달콤한 열매를 맛볼 수 있겠습니까?

신음과 눈물, 한숨, 불평이 저희의 탄식을 달래주겠습니까? 그리하여 주님이 저희 말을 귀담아 들어주실 줄 거라고 믿게 되겠습니까?

기도를 통해서는 이 일이 가능합니다. 기도에는, 비탄에 잠겨 주님께 가까이 나가고픈 갈망이 들어 있기 때문입니다. 하지만 어째서 누군가를 잃은 비통함이 압도적인 슬픔이 되어야만 합니까?

친구가 다시 살아올 거라는 희망은 품어보지 않았습니다.

눈물로 그를 무덤에서 다시 일으킬 거라는 생각도 못해봤습니다.

그저 울며 슬퍼했을 뿐입니다.

너무도 비참했습니다.

기쁨이 사라져 버렸습니다.

아니면, 눈물은 괴로움의 표출로, 예전에는 즐겼으나 이제는 잃어버린 바로 그것을 저희가 싫어하게 만드는 것입니까? 더 이상 가질 수 없는 것에 대해 반감을 느끼도록 만드는 것입니까?

도대체 내가 이런 걸 묻는 이유가 무엇입니까? 지금은 주님께 고백하는 시간이지, 질문할 때가 아닌데 말입니다.

이유야 어쨌든 간에, 나는 가엾은 사람입니다. 썩기 쉬운 것에 우정을 느끼는 영혼은 모두 다 가엾습니다. 사랑하던 게 사라지면 그 영혼은 찢어지고 말 것입니다. 어쩌면 우리는 언제나 가엾은 존재였을지도 모릅니다. 사랑하는 사람을 빼앗김으로써 그걸 깨달은 것뿐일 수도 있습니다.

그 때는 나도 마찬가지였습니다. 가장 슬프게 울었고, 분노 속에서 위안을 얻었습니다. 하지만 이제는 잘 압니다. 너무도 타락한 나머지, 내 친구보다는 자신의 비참한 삶을 더 소중히 부여잡았다는 사실을. 얼마든지 의지대로 삶을 변화시킬 수 있음에도 불구하고, 친구와 떨어지는 것보다는 내 교만한 방식을 버리는 게 더 무서웠습니다. 그 친구를 위해 점성술 공부를 그만둘 수 있었을지는 나도 모르겠습니다. 필라데스와 오레스테스가 서로를 위해 기꺼이 죽으려 했던 것과도 상관이 있겠지요.

내 속에서는 서로 상반된 두 가지 감정이 치솟았습니다. 사는 게 싫으면서도, 죽는 건 두려웠던 것입니다. 아마도 친구를 사랑했던 것만큼, 그 친구를 앗아간 극악무도한 원수, 죽음이 싫고 무서웠던 모양입니다. 나는 모든 인간을 신속히 끝장낼 수 있는 죽음의 세력에 사로잡혀 있었습니다. 당시 내 마음이 이런 상태였습니다.

오, 나의 하나님, 주님은 내 마음을 들여다보시고, 숨은 생각도 살피십니다. 주님은 내 눈을 주님께로 돌리고, 집요한 생각과 불순함을 모두 다 씻어 주는 나의 소망이십니다. 주님은 내 발에 걸린 덫을 풀어 주셨습니다.

살아 있어야 할 내 친구는 죽고, 죽어야 할 다른 사람들은 살아 있다는 것이 너무나도 부당하게 느껴졌습니다. 친구는 죽고 없는데 내가 계속해서 살아갈 수 있다는 게 옳지 않아 보였습니다. 우리는 서로의 분신과도 같았는데 말입니다. 그 친구가 없으니, 마치 반쪽짜리 인생처럼, 정말 불완전하게 느껴졌습니다.

어쩌면 그래서 갑자기 죽는 게 무서워졌는지도 모르겠습니다. 내가 친구의 반쪽 삶을 유지하고 있는데, 그런 내가 죽으면 친구가 완전히 죽어버릴 것이라는 생각에서 말입니다.

피조물인 우리가 다른 사람들을 알고 사랑하지 않다니, 얼마나 미친 짓입니까? 한 사람을 잃어버린 것 때문에 그토록 당황하다니, 얼마나 어리석은 짓인가요? 나는 슬픔 때문에 너무도 심란해져서 편히 쉴 수가 없었고, 다른 사람들의 선한 충고도 전혀 귀에 들어오지 않았습니다. 산산이 부서져 피 흘리는 나 자신을 이리저리 끌고 다녔습니다. 그렇게 끌고 다니느라 몹시 아팠지만, 어떻게 내려놔야 하는지 알 수 없었습니다.

고요한 숲에서도, 요란스런 경기나 음악에서도, 향기로운 장소에서도, 파티나 성적 쾌락에서도, 심지어는 책이나 시에서도 안식을 찾지 못했습니다.

빛 자체도 그 친구 없는 삶에 관보를 씌우는 것만 같았습니다. 모든 게 송장처럼 보이도록 말입니다. 산다는 게 몸서리치도록 싫었습니다. 도움이 되는 것이라곤 오로지 내 신음과 눈물뿐이었습니다. 하지만 그 안에도 쉼은 없었지요.

내 영혼이 삶으로부터 도망치는 동안, 지독히도 큰 슬픔이 나를 짓눌렀습니다. 오, 주님, 내 짐을 주님께 맡겨야만 했습니다. 주님은 내 짐을 덜어주실 수 있었습니다. 그 사실을 잘 알고 있었지만 그럴 수 없었습니다. 도저히 주님께 나아갈 수 없었습니다. 아무리 생각해봐도 주님은 내 하나님이 아니었으니까요.

내가 생각하는 신은 확고한 실체가 없었습니다. 실재가 아니라 유령이었습니다. 내 신은 결국 나의 오류였습니다.

그러니 내 짐을 내려놓고 쉰다 한들, 허공에 떨어져 또다시 내게로 쏟아질 게 틀림없었습니다. 결국 나는 내 자신을 끔찍한 곤경에 빠뜨린 셈입니다. 살 수도 없고, 계속 존재할 수도 없는 곤경에 말입니다.

도대체 어디로 도망가야 내 마음으로부터 벗어날 수 있었겠습니까?

과연 어디에 몸을 숨길 수 있었겠습니까?

나 자신으로부터 숨을 곳이 어디 있었겠습니까?

그래도 나는 도망쳤습니다. 다시금 고향을 떠났습니다. 두 번 다시는 그 친구를 볼 수 없는 장소에서 언제까지고 기다리는 일이 없도록 말입니다.

내가 타가스테를 떠나 카르타고로 간 것은 바로 이 때문이었습니다.

제 6 장

시간은
지체하지 않는다

제 6 장
시간은 지체하지 않는다

생의 시간은 계속해서 흘러가며, 절대로 도중에 지체하지 않습니다. 우리의 시간 감각이 농간을 부릴지라도, 시간은 결코 늦춰지지 않습니다.

날마다 계속해서 생의 경험들이 왔다 갔고, 내 맘속에 새로운 기억과 생각들을 심어 주었습니다. 시간이 나를 서서히 가라앉혔고, 한 번 더 옛날의 즐거움을 맛볼 수 있게 해주었습니다. 슬픔은 사라졌습니다.

하지만 그 뒤에도 슬픔의 시간은 많았습니다. 아니, 어쩌면 동일한 슬픔에서 비롯된 건지도 모르겠습니다. 슬픔이 들이닥쳐 내 영혼을 송두리째 뒤흔들어 놓았습니다. 땅바닥에 내동댕이쳐버린 것입니다. 나는 한 사람에게 사랑을 쏟았습니다. 그가 나를 위해 언제까지나 존재할 것처럼 말입니다. 하지만 사람은 죽기 마련입니다. 내 삶이 돌아오고 새로운 소망이 생긴 것은 주로 다른 친구들이 나를 도와주었기 때문입니다. 지금도 나는 주님이 아니라 그 친구들에게 애정을 쏟고 있습니다 — 말하자면 엄청난 허구지요. 세속적인 사랑이 약속한 충족은, 우리 영혼이 진짜로 사랑하는 이를 믿지 못하게 만드는 영원한 거짓입니다. 그런데도 거기에 귀를 기울이는 것은 그것이 유쾌한 거짓이기 때문입니다. 그런 식으로 우리는 더럽혀집니다. 내 친구들이 하나씩 죽어갔지만, 나는 그 거짓을 끝내 버리지 않았습니다.

삶은 다시 한 번 내 맘을 인간관계에 집중시켰습니다.

나는 친구들과 더불어 이야기하고 웃었습니다. 우리는 서로서로 도왔고, 모여서 재미있는 책을 읽기도 했습니다.

농담도 자주 했고, 진지할 때도 많았습니다. 서로의 의견에 반대해도 공격하지 않았습니다. 언제나 일치된 결론을 내렸고, 간혹 일치하지 않는 의견도 늘 조화로운 우리의 사상에 묘미를 더할 뿐이었습니다.

때로는 서로를 가르치고, 때로는 서로에게 배웠습니다.

한 친구가 자리를 비우면 애타게 그리워하고, 그가 다시 돌아오면 환영해 주었습니다.

서로를 향한 마음을 표현하는 것도 마찬가지였습니다. 우리는 서로를 사랑했습니다. 서로의 표현과 생각을 잘 알았습니다. 눈에 보이는 외모뿐만 아니라 온갖 개인적인 몸짓까지도 잘 알았습니다. 이것이 바로 수많은 영혼들을 한 데 녹여 하나로 만들어 주는 연료입니다. 이것이 바로 상호간의 애정 속에 하나가

된 친구들의 모습입니다. 감정이 너무나도 격해진 나머지, 친구들 중 누군가에 대해 정서적 관계에 금이 갈만한 의심이나 비난을 품을 경우, 양심의 가책을 느끼게 됩니다. 우리는 감정적 욕구에 따라 서로에게 의지하고 있었습니다.

친구들 중 누군가가 죽었을 때는, 마음을 눈물로 적시는 깊은 슬픔을 맛보았습니다. 삶 전체가 슬픔에 빠졌습니다. 죽어가는 친구가 잃어버린 생명은, 살아 있는 친구들에게도 죽음을 안겨주었습니다.

주님을 사랑하는 이는 행복합니다.

그는 주님에게 우정을 기대합니다.

오직 주님의 명예를 지키기 위해서만 적을 만듭니다.

주님 안에 거하는 이는 주님 안에서 사랑하는 사람을 찾습니다.

오직 주님만이 잃어버릴 염려가 없고, 오직 주님만이 확실합니다.

하늘과 땅을 만드신 주님은 우리 하나님이십니다.

주님이 하늘과 땅을 창조의 사역으로 채우셨습니다.

주님은 주님을 떠난 이들 외에는 아무도 버리지 않으십니다.

주님을 떠난 이들은 그 어디로도 도망칠 수 없습니다.

주님이 안 계신 곳이 없는데, 어찌 주님에게서 숨을 수 있단 말입니까?(시편 139편 7-12절 참고)

주님의 관심으로부터 벗어날 수 있는 이가 어디 있을까요?

목적지에는 무엇이 기다리고 있을까요?

오직 주님과 주님의 노여움뿐입니다.
반역자가 어디를 갈 수 있겠습니까?
처벌이 없이 주님의 법을 어길 수 있겠습니까?
주님의 법은 진리입니다. 주님이 곧 진리이기 때문입니다.

그러니, 만군의 여호와여, 저희 앞에 서서, 저희의 무모한 도주를 점검할 수 있도록 주님을 보여 주옵소서. 그래야 저희가 완전한 인간이 될 것입니다. 저희 영혼이 어디로 도망치던지, 주님은 이미 저희 길 앞에 서있기 때문입니다. 저희 앞에 주님이 보이지 않는다면, 그 길이 아무리 멋져 보인다 할지라도, 슬픔에 빠질 수밖에 없습니다. 주님에게서 비롯되지 않는 한, 아무리 사랑스러운 삶일지라도 빛을 잃고 맙니다. 주님 안에서만 그것을 누릴 수 있기 때문입니다.

아름다운 것들은 모두 신선한 순간이 있습니다. 나타났다가 사라집니다. 성장하고, 완벽해졌다가, 쇠퇴하고, 시들어 버립니다.

물론 세상의 모든 것이 다 늙는 것은 아닙니다.
하지만 세상의 모든 것들은 다 무너지기 마련입니다.
세상의 것들이 시작되고 등장합니다.
빠르게 절정을 향하여 성장해 나갑니다.
그리고 미완성 상태에서 좀 더 빠르게 시들어 버립니다.
이것이 세상의 법칙입니다.
주님은 저마다에게 시간과 존재의 몫을 분배해 주십니다. 주님의 창조세계는 그게 다가 아니기 때문입니다. 저마다 창조세계의 일부에 지나지 않습니다. 저마다 존재하길 멈추고, 주님의 다음 계획이 드러나도록 해야 합니다. 주님이 지으신 온 세계는 한꺼번에 존재하지 않습니다. 차례대로 왔다 가고, 다음으로 이어집니다. 언젠가 우주의 모든 부분들이 모여 완성될 때까진 그렇습니다.

우리가 하는 말들도 마찬가집니다. 우리가 연속해서 소리를 내면, 각각의 소리가 모여 상징을 형성하고, 그것을 듣는 사람은 그 상징을 이해하게 됩니다. 각각의 단어가 죽지 않는다면 다음 단어가 완성될 수 없고, 잇따라 소리를 만들어낼 수도 없을 것입니다.

오, 하나님, 만물의 창조주여, 내 영혼이 온갖 덧없는 환상들을 버리고 주님을 찬양하게 하옵소서. 주님은 내 영혼이 썩어 없어질 것들, 감각적인 즐거움을 맛보게 해주는 것들과 사랑에 빠져 집착하도록 내버려두지 않으셨습니다. 그것들을 따라간다 해도, 결국은 부정한 열망으로 상처를 입은 채 사랑하는 이를 떠나야 할 것입니다.

사랑은 어떤 대상이 존재하길 갈망하고, 그 안에서 편히 쉬는 걸 좋아합니다. 하지만 그 안에는 느긋이 누워 있을 만한 곳이 없습니다. 그것은 오래가지 못합니다. 사라져 버립니다. 그러니, 우리의 육체적인 감각이 어디에 의존할 수 있겠습니까? 그렇게 빨리 지나가 버리는 쾌락을 누가 붙잡을 수 있겠습니까?

육체적인 감각은 느리고 둔하며, 생생한 것들만 맛보고 냄새 맡고 만질 수 있습니다. 정해진 상황에서만 제대로 작동합니다. 한 가지 경험에 고정시킬 수도 없고, 정해진 목적지로 달려가는 걸 멈출 수도 없습니다.

주님의 말씀으로 저마다 창조되었기에, 주님의 명령에 귀를 기울이며, 목적지를 향해 나아갑니다.

오, 나의 영혼아, 너 역시 그 명령에 귀를 기울여야 한다. 어리석게 네 마음의 귀를 멀게 할 만한 소음을 만들지 마라.

말씀이 육신이 되셨다. 결코 불안하지 않을 평화의 장소, 결코 실망하지 않을 사랑의 장소로 돌아오라고, 그가 영혼들을 부르신다. 자연계가 모든 부분의 완성을 향해 움직이는 동안 모든 게 죽고 대체된다는 것을 명심하여라.

"하지만 내가 어디로든 가는 걸 보았느냐?" 하나님의 말씀이 물으신다.

그러니, 내 영혼아, 네가 무엇을 하든지, 이 안정된 장소에 네 집을 지어라. 쓸데없는 것들에서 떨어져 나와라. 이제 너를 진리께 맡겨라.

진리로부터 네가 무엇을 취하든지, 그분은 사라지지 않으실 것이다.

진리 안에서는 썩은 것이라 할지라도 다시 꽃필 것이다.

온갖 질병이 치유되고 고침을 받을 것이다.

죽어야 할 부분도 다시 만들어질 것이다.

마지막 부분들은 멸망하지 않을 것이다.

하나님 곁을 고수할 것이다.

너는 어째서 아직도 육체의 그릇된 길을 따라가고 있느냐? 고집스런 네 영혼이 변화된 사람들의 길을 따라가게 하여라. 네 감각을 뒤쫓는다면 결코 전체적인 그림을 볼 수 없을 것이다. 네가 불완전한 것을 보고 기뻐하는구나. 만일 네 몸에 새로운 감각이 생긴다면 어떻게 되겠느냐? 저주받아 타락한, 그저 일부만 볼 수 있는 감각들이 아니라, 전체적인 실재를 볼 수 있는 감각이 생긴다면? 그 때에는 네가 현재의 것들이 사라지는 걸 보고 기뻐할 것이다. 네 입에서 나온 말이 사라지고, 더 많은 말들을 들려줄 수 있게 되어 행복할 것이다.

우리는 별도로 존재하는 많은 것들이 모여 이루어지는 하나의 완성을 기다린다. 총체적인 모임은 부분들보다 훨씬 더 즐거울 것이다. 그리고 그 전체보다 훨씬 더 훌륭한 이가 바로 그 모든 부분들을 지으신 분이다. 그는 곧 우리 하나님이시다. 그는 결코 죽지 않으실 것이다. 그 무엇도 그분의 뒤를 잇지 못할 것이다.

네가 속세의 경험에서 육체적 쾌락을 찾았다면, 이 선물을 주신 하나님께 찬양을 돌릴 기회로 삼아라. 네 사랑을 쾌락이 아니라 그 쾌락을 만드신 분께 드려라. 그렇지 않으면 너를 기쁘게 한 것들이 도리어 너를 불쾌하게 만들 것이다. 너를 기쁘게 하는 영혼들을 사랑하되, 하나님 안에서 사랑하여라. 인간은 변하고 결국은 죽을 것이기 때문이다. 하나님 안에서 그들을 사랑하여라. 네 영혼이, 그리고 너와 함께 한 모든 영혼들이 그분을 향하게 하여라. 그 영혼들에게 말하여라. "그분을 사랑하자! 우리 모두 그분을 사랑하자! 그분이 우리를 만드셨고, 지금도 우리 곁에 계신다." 그분은 우리를 만들어만 놓고 떠나 버리지 않으셨다. 우리 곁에 친밀히 거하시고, 만물이 그분 안에 있다.

그분을 바라보아라.

그분이 계신 곳에서는 진리가 사랑을 받는다. 우리 마음이 그분을 놓칠지라도, 그분은 언제나 우리 맘속에 계신다.

죄인들아, 너희 맘속에 들어가 그분을 찾아라. 너희를 지으신 그분을 감싸 안고 꽉 붙들어라.

그분 곁에 서있어라. 그러면 실족하지 않을 것이다. 그분 안에서 쉬어라. 그러면 진정한 휴식을 얻을 것이다.

어떤 험난한 길이 앞에 놓여 있느냐? 네가 어디로 갈 것이냐? 그곳에서 아무리 좋은 걸 발견한다 해도 다 그분에게서 온 것이다.

그분과 연결된 것만이 선하고 즐겁다는 것을 명심하여라. 그 근원에서 떼어내 버리면 쓴 맛만 날 뿐이다. 선한 것이 다 그분 것인데, 네가 그것을 얻기 위해 그분을 거부한다면 어찌 사랑할 만한 가치가 남아 있겠느냐? 네가 이 힘겹고 고된 길을 방황하는 목적이 무엇이냐? 그분 안에 있는 길이 아니라면, 쉼도 없을 것이다 — 네가 찾아 헤매고 있는 그곳에는 결코 없을 것이다. 네가 아무리 찾아 헤매더라도, 네가 있는 곳에서는 결코 찾을 수 없을 것이다.

네가 죽음의 땅에서 행복한 삶을 찾아 헤매더라도 결코 발견하지 못할 것이다. 생명 자체가 존재하지 않는 곳에 어찌 복된 삶이 존재하겠느냐?

그러나 진정한 생명이 우리에게 오셨고, 우리의 죽음을 견뎌내셨다.

그분 자신의 충만한 생명으로, 진정한 생명이 죽음을 이겨내셨다.

그리고 진정한 생명의 음성이 울려 퍼졌다.

그분이 우리더러 즉시 돌아오라고 외치셨다.

그분께서 계셨던 은밀한 장소로 우리를 부르셨다.

그분의 여정은 우선 동정녀의 태에서 시작되었다. 그곳에서 인간의 썩어 없어질 육체를 입으셨다. 영원히 죽지 않도록, 죽을 육체를 입으셨다. 아주 먼 길을 달리는 이가 길을 나설 때 느끼는 자유의 기쁨을 알기에, 그분은 혼인식을 올리는 신랑처럼 삶에 뛰어드셨다.

그분은 결코 속도를 늦추지 않으셨다. 계속해서 달리셨다.

그리고 계속 외치셨다.

말과 행동으로 외치셨다.

죽음과 부활로 고함치셨다.

아버지로부터의 하강과 승천으로 갈채를 보내셨다.

생명이 우리더러 그분께 돌아가라고 부르짖으셨다. 우리 눈으로 그분을 볼 수 있는 세상을 떠나신 것은, 우리 마음속으로 되돌아오시기 위함이었다. 그분이 떠나신 것은 우리가 그분을 다시 찾을 수 있게 하기 위함이었다. 그분은 떠나셨다. 그리고 그분이 다시 나타나신 곳은 바로 우리 마음이었다 — 서프라이즈!

그분은 오랫동안 우리 곁을 떠나 계셨지만, 도착한 이후로는 절대로 우리를 떠나지 않으셨다. 그분은 여기를 떠나갔지만, 그분이 지은 세계를 떠나지는 않으셨다. 그분은 죄인들을 구원하기 위해 세상에 오셨다. 내 영혼은 고백한다. 나도 그 죄인들 가운데 한 명이었다고. 내가 그분께 죄를 지었는데도 나를 고쳐주셨다고.

너희 인생들아, 정말로 마음이 무디구나. 생명이 너희에게 내려오셨다. 어째서 그분께 올라가 살지 않느냐? 하긴, 지금도 자기가 높은 곳에 있다고 믿으며 진정한 천국을 보고 비명을 지르는 너희가 어떻게 올라갈 수 있겠느냐?

네 자리에서 내려와야 하나님께로 올라갈 수 있다. 그분께 대항하여 올라가려고 시도한들, 더 낮은 곳으로 떨어지기만 할 뿐이다.

죄인들이 눈물의 골짜기로 내려와 아버지께 인도될 수 있도록, 이 메시지를 널리 선포하라. 네가 만일 길 잃은 이들에게 불같은 동정심을 느껴 진실을 말하지 않는다면, 그것은 결코 하나님의 영이 주시는 말씀이 아니다.

그 당시에는 나도 이런 것을 전혀 몰랐다. 그래서 그 저급한 아름다움을 사랑했고, 깊은 심연 속에 가라앉았던 것이다.

나는 친구들에게 이렇게 물었습니다. "우리가 오직 아름다운 것들만 사랑하는가? 그렇다면 무엇이 아름다운가? 아름다움이란 무엇인가? 우리가 사랑하는 것들로 우리를 유인하고 끌어당기는 게 무언가? 오직 은총과 아름다움만이 우리를 그것들로 이끌 수 있네."

나는 이것을 더 깊이 연구했고, 우리 몸 자체에는 전체의 합일과 관련된 아름다움이 존재한다는 걸 마침내 깨달았습니다. 서로 상응하는 부분들이 한 데 모여 맞아떨어지는, 다른 종류의 아름다움도 존재합니다. 예를 들면, 신체의 일부가 몸 전체에서 그 자리를 차지하는 아름다움, 발이 구두로 인해 완전해지는 아름다움입니다.

이런 생각들이 내 마음속에서 하나가 되었고, 급기야는 『아름다움과 조화에 관하여』라는 제목으로 두세 권의 책을 쓰게 되었습니다. 오, 주님, 그 논문이 무슨 내용이었는지 주님은 아시지요? 나는 기억하지 못합니다. 내게는 그 논문이 없습니다. 어쩌다 잃어버렸는지도 잘 모르겠습니다.

내가 기억하는 것이라곤, 뭔가에 이끌려 그 책을 로마의 웅변가 히에리우스에게 헌정했다는 것뿐입니다. 그를 알진 못했지만, 그의 심오한 학식은 가히 전설적이었습니다. 내가 좋아하는 인용문도 많았습니다. 그 중에서도 가장 인상적인 건, 그가 주요 인사들 사이에서 명성이 높다는 점이었습니다. 그들 사이에서 시리아인이 그리스 수사학을 익혀 위대한 라틴어 웅변가가 된다는 건 그야말로 놀라운 일이었습니다. 특별히 그는 철학 분야에서 널리 인정을 받았습니다.

　이런 걸 보고 나는 명성의 본질이란 게 궁금해졌습니다. 어떤 이는 어느 정도의 사랑을 얻어 유명해집니다. 대중적인 승인을 받아 유명해지는 게 아닙니다. 그렇다면 이 사랑이 과연 칭송을 듣는 것만으로 얻어지는 걸까요? 뭔가가 더 있어야 합니다. 업적을 인정해 주는 이의 열정적인 관심은 전염성이 아주 강합니다. 순수한 감탄은 유명한 사람의 성공을 바라보는 이들의 맘속에 열정적인 관심을 지닌 자와 똑같은 감탄을 자아낼 수 있기 때문입니다. 사랑이 이 사람에게서 저 사람에게로 퍼져나갑니다. 순수한 칭찬은 쉽게 옮습니다. 칭송하는 사람은 전혀 거짓이 없는 순수한 사랑을 품습니다.

　불행히도, 그 당시 나는 지지자들의 박수갈채만 듣고서 존경할 만한 사람이나 사상을 선택했습니다. 오, 하나님, 나는 주님의 관점에서 바라보지 않았습니다. 오직 주님만이 속지 않으실 분인데도, 그걸 몰랐습니다.

　나는 전차를 모는 기술로 대중적인 호평을 받은 유명 인사들이나, 무대에서 짐승들과 싸우는 검투사들을 선택하지 않았습니다. 좀 더 특이하고 진지하게, 나 자신이 탁월해지길 바라는 특징들을 선호했습니다. 나는 배우들이 얻는 평판이나 사랑 같은 건 바라지 않았습니다. 물론 배우들에게 주어지는 엄청난 평가는 나도 실감하고 있었습니다. 하지만 나로서는 그런 명성보다도 익명성이 더 좋았습니다. 그런 능력으로 인해 사랑을 얻느니 차라리 멸시를 받는 게 더 나을 것 같았습니다.

인간의 마음이 그토록 다양한 사랑을 소중히 여기게 하는 건 무엇일까요? 똑같은 사람이면서, 내가 갖고 싶지 않은 기술을 지닌 사람을 소중히 여기는 건 왜일까요? 사실 나에게 그런 능력이 있었더라면, 아마도 꺼림칙해서 멀리 내던져 버렸을 것입니다. 말을 타는 사람이, 스스로 말이 되길 원치도 않으면서 좋은 말을 사랑한다는 건 도무지 앞뒤가 안 맞습니다. 배우나 나나, 둘 다 인간의 본성을 지녔습니다. 그런데도 내가, 나 자신이었다면 멸시했을 것 때문에 다른 사람을 칭송해야 한단 말입니까? 인간에겐 심오한 신비가 들어 있습니다. 하지만 주님, 주님은 우리의 머리털까지도 세고 계십니다. 주님의 허락 없이는 머리카락 한 올도 땅에 떨어질 수 없습니다. 내 생각엔, 마음을 강타하는 감정을 헤아리는 것보다 머리털을 세는 게 더 쉬울 것 같습니다.

진정 나는 거장 웅변가들의 말을 달게 들었고, 꼭 그들과 경쟁하고 싶었습니다. 하지만 그들을 내 삶의 모델로 삼은 건 실수였습니다. 내 교만은 점점 부풀어 올랐고, 웅변 교사들이 옹호하는 온갖 사상들의 바람에 나부꼈습니다. 그래도 주님은 이런 관심사들 속에 역사하셨습니다. 은밀히 나를 조종하여, 주님이 바라는 사람으로 만들어 가셨습니다. 진정으로 고백하건대, 내가 그 웅변가를 사랑한 것은 실제로 그가 칭송 받을 만한 행동을 해서가 아니라 순전히 지지자들의 위상 때문이었습니다. 만일 그가 지지자들의 관심을 못 받았거나, 이 지지자들이 그에게 경멸과 멸시를 보냈더라면, 결코 그를 열렬히 찬양하지 않았을 것입니다. 따지고 보면, 그 자신의 업적은 변한 게 없습니다. 달라진 거라곤 평가자들의 감정일 뿐이지요.

그러니, 굳건한 진리 안에 심어지지 않았다면, 내 영혼이 얼마나 무기력하게 흔들렸겠습니까?

～⁂～

그 땐 몰랐습니다. 주님의 전능한 지혜가 내 생각을 미묘하게 변화시키고 있다는 것을. 오직 주님만이 물질적인 사상과 멋에 쏠린 마음속에서 기사를 행할 수 있었습니다. 나는 스스로를 실제적이고 적당하고 아름다운 것을 구별할 만한 나만의 중재자로 삼았습니다. 세상의 생각에 따라 아름다움의 기준을 세웠고, 오직 물질적인 것들 속에서만 단서를 찾았습니다.

나는 정신의 본질을 연구해 보았지만, 영적 실재의 본질에 관한 그릇된 편견들을 가지고 접근했습니다. 따라서 진실을 직시할 수 없었습니다. 때로는 진리의 무게가 내 눈을 밝혀 주기도 했지만, 늘 실제적이라고 여겨지는 순간의 생각들 — 선과 색과 측정 가능한 형태 — 로 눈을 돌려 버렸습니다. 나만의 삐딱한 실재 척도를 만들었습니다. 물질적 실재의 차원에서는 정신의 작용을 볼 수 없었기에, 나는 그것을 이해할 수 없다고만 생각했습니다.

나는 천성적으로 조화를 사랑하고, 부조화에는 혐오감을 느꼈습니다. 조화 속에서는 합일을 보았고, 부조화 속에서는 분열을 보았습니다. "합일"의 범주에는 이성적 논리와 진리의 본질, 그리고 최고선을 넣었습니다. 반대로, 비합리적인 삶의 부조화는 실제적인 실체를 지니고 있으나 그 실체는 본질적으로 최고악이라는 그릇된 상상을 펼쳤습니다. 오, 나의 하나님, 악이 결국 비이성적인 육체적 삶의 실체에 이른다고 하는 이 생각은 주님에게서 온 것이 아니었습니다. 주님으로부터 나오는 것은 모두 진리이기 때문입니다.

나만의 논리에 따라, 선한 범주는 초연하고 성별이 없는 자아라는 뜻에서 "모나드"라고 일컫고, 악한 범주는 "듀어드"라고 불렀습니다. 악한 범주에는 분노와 폭력 행위, 수치스러운 정욕을 포함시켰습니다. 그게 무슨 뜻인지는 나도 몰랐습니다. 다음의 두 가지 사실을 몰랐고 배운 적도 없었기 때문입니다. 첫째, 악은 실체가 아니다. 둘째, 내적 자아는 선의 정중앙이 아니다.

사실은 타락해 버린 이성적 생각과 감정으로부터 폭력 행위가 나타납니다. 이런 내적 타락으로부터 잔인한 행동이 튀어나옵니다. 오만하고 제멋대로인 정욕에 자아가 자극을 받습니다. 정신 속 감정들을 통제할 수 없게 되고, 세속적인 쾌락에 빠져듭니다. 이런 것들이 행동을 더럽힙니다. 비논리적인 생각과 거짓된 견해가 대화를 망칩니다.

그 당시의 나처럼, 이성적인 영혼이 타락한다면, 외부의 빛이 들어오지 않는 한 암흑 속에 머무를 수밖에 없습니다. 그 영혼이 진리에 참여하려면 반드시 외부의 영향을 받아야만 합니다.

오, 나의 주 하나님, 주님이 내 등불을 밝히셨습니다.

내 어둠에 빛을 비추셨습니다.

주님을 몽땅 저희에게 주셨으며, 주님은 진정한 빛이십니다.

주님은 이 땅을 걷는 모든 인간 앞에 길을 펼쳐 주십니다.

주님 안에는 어두운 그늘이 전혀 안 보입니다.

주님 안에는 변화의 그림자도 결코 없습니다.

나는 주님을 밀어붙였습니다. 하지만 튕겨져 나와 죽음을 맛보았습니다. 주님은 내 오만한 영혼을 막아내셨습니다. 낯선 광기에 사로잡혀, 오직 주님만이 될 수 있는 존재를 감히 내가 될 수 있다고 상상했으니, 이보다 더 큰 자만이 어디 있겠습니까? 이제 변화의 대상이 나라는 게 분명해졌습니다. 나는 변하고 싶었습니다. 보다 현명하고 고결해지고 싶었습니다. 하지만 변해야 할 대상은 내가 아니라 바로 주님이라고 주장하는 게 더 좋았습니다. 주님은 이런 무익하고 완악한 생각을 막아내기 위하여 나를 밀쳐 버렸습니다.

나는 육체적인 형상들을 악이라고 가정했고, 나 자신도 육신이면서 육신을 비난했습니다. 나는 여기저기 돌아다니다가 다시는 돌아오지 못하는 바람과도 같았습니다. 주님과 내 삶 속에 실재가 없는 환상들을 좇아 이리 헤매고 저리 헤맸습니다. 내 생각들은 실체가 없었습니다. 내 꿈은 주님의 진리에 토대를 두지 않았습니다. 단지 중요한 인물이 되고픈 내 욕망의 산물이요, 물질적 실재의 관찰로부터 생각해낸 것에 불과했습니다. 나는 주님의 신실한 작은 이들과 논쟁하길 좋아했습니다. 나는 망명 중인 그들과는 분명히 다르다는 걸 몰랐습니다. 어리석게 지껄여대는 걸 즐겼습니다. 나는 그들에게 "하나님이 영혼을 만드셨는데, 어째서 영혼이 죄에 빠졌는가?" 하고 물었습니다. 그 질문이 뜻하는 건, "어째서 하나님이 실수를 하셨는가?"였습니다. 하나님 같은 불변의 실체가 죄의 도입을 막지 않으신 건 잘못이라고 나는 주장했습니다. 타락한 건 변하기 쉬운 나 자신의 인간적 실체임을 인정하고 싶지 않았습니다. 나는 죄를 짓기로 작정했습니다. 그리고 이제는 계속해서 잘못을 저지르는 벌을 받고 있습니다.

그 책들을 썼을 때 나는 스물예닐곱 살이었습니다. 의기양양한 물질주의자가 주위를 맴돌며, 내 마음의 귀에 속삭였습니다. 아름다움과 거룩함에 대한 묵상은 나를 주님의 향기로운 진리로 이끌고, 주님 안의 멜로디를 들을 수 있게 해주었습니다. 나는 멈춰 서서 그 멜로디에 귀를 기울이고 싶었습니다. 정말이지, 신랑의 음성을 듣고 황홀경에 빠져 기뻐하고 싶었습니다. 하지만 그러지 못했습니다. 내 죄의 소음이 그 음성을 지워버렸던 것입니다. 나의 철학이 재촉해댔고, 내 교만의 무게는 점점 더 무거워졌습니다. 너무나도 무거운 나머지, 가장 깊은 나락으로 가라앉고 말았습니다.

그래도 주님은 저에게 기쁨과 즐거움의 음성을 들려주지 않으셨습니다. 부러진 내 뼈들도 주님을 찬미하지 않았습니다. 아직까지도 겸손해지지 않았던 것입니다.

겨우 스무 살에 아리스토텔레스의 『열 가지 범주』를 독파했지만, 그런 것이 저에게 무슨 유익이 있었겠습니까? 나는 아리스토텔레스라는 이름을 거의 신처럼 추앙했습니다. 카르타고의 수사학 교사와 고등교육을 받은 것으로 보이는 사람들이 자주 이 이름을 입에 올렸기 때문입니다.

　따라서 누구의 도움도 없이 아리스토텔레스의 추론을 읽고 이해할 수 있었을 때, 나는 자부심이 벅차올라 씩 웃었습니다. 다른 사람들에게 그 책에 관해 이야기하면, 유능한 교사들로부터 설명도 듣고 모래 위에 도표까지 그릴 수 있는 그들도 미처 이해하지 못한 내용이라고 말했습니다. 그들은 내가 이미 스스로 깨우친 생각의 흐름에 대하여 더 이상 해줄 말이 없었습니다.

　물질적 실체에 관한 생각을 저에게 처음 심어준 것이 바로 그 책이었습니다. 아리스토텔레스는 인간이 물질적 실체로 이루어졌으며 인간의 특징들 역시 마찬가지라는 사실을 아주 명확하게 가르쳐 주었습니다. 인간의 형태는 척도에 입각하여 말할 수 있습니다. 어떤 사람은 키가 몇 피트입니다. 인간관계는 현실적인 사실로 묘사할 수 있습니다. 어떤 사람은 누구의 형제라고 말할 수 있습니다. 어디에서 살고 있으며, 어디에서 태어났는지 말할 수 있습니다. 어느 순간 그 사람이 서있는지 아니면 앉아 있는지를 단언할 수 있습니다. 그가 무슨 신을 신었는지, 무장을 했는지 안 했는지 말할 수 있습니다. 그가 무슨 일을 하고 있는지, 무엇이 그를 괴롭히는지, 그 밖에도 수없이 많은 것들을 설명할 수 있습니다. 아리스토텔레스가 "아홉 가지 범주"에 집어넣은 실체적인 것들을 예로 들자면 이렇습니다. 실체는 중요한 범주였습니다.

하지만 이 모든 이해가 나에게 더 많은 교훈을 주었습니까, 아니면 내 마음을 방해했습니까? 나는 그 열 가지 범주에 대해 생각하면서 상상력을 더 부채질했습니다. 기이하고, 변함없고, 온전한 주님의 자아를 이해하기 위해서 이 추론을 이용하려 했습니다. 주님의 위대함과 아름다움을, 우리 인간의 몸과 똑같은 범주에 넣고 싶었습니다. 물질적인 실재를 주님과 연관 지을 수 있는 최선의 방법은 바로 진리입니다. 주님만이 유일한 주체입니다. 주님 안에서 만물이 그 존재를 지니게 됩니다. 주님의 위대함과 아름다움은 오직 주님하고만 관련이 있습니다. 형태나 미가 아직 완전하지 못한 것은 여전히 육신에 속한 것입니다.

인간과 신의 범주를 섞어버린 나는 주님에 대해 잘못된 생각을 품었습니다. 거기에는 결코 진리가 없었으며, 나의 저급함으로부터 비롯된 거짓 개념들만이 존재했습니다. 나는 주님의 고상함이라는 실재를 전혀 몰랐습니다.

주님이 명령하자 땅이 내 안에 찔레와 가시를 냈습니다. 나는 이마에 땀을 흘려야만 빵을 먹을 수 있게 되었습니다.

내가 수많은 책들 속에서 소위 "인문과학"이라는 가장 위대한 인간 사상을 읽었다 한들 무슨 유익이 있었겠습니까? 내 사상이 타락한 욕망의 노예가 되었는데, 이 책들을 읽고 이해할 수 있는 게 무슨 소용이 있었겠습니까? 나는 배우는 걸 좋아했지만, 내 정신이 포착한 것들은 신적인 연관이 전혀 없었습니다. 무엇이 진실하고 무엇이 확실한지를 분별할 수 있는 토대가 전혀 없었습니다. 나는 빛을 등지고 서서, 코앞에 있는 것들도 제대로 보지 못했습니다.

오, 주님, 주님은 저에게 빠른 이해력을 은사로 주셨습니다. 수사학, 논리학, 기하학, 음악, 수학 가리지 않고, 나는 어떤 책이라도 금방 이해할 수 있었습니다. 하지만 주님도 아시거니와, 나는 이 은사를 주님께 돌려드리지 않았습니다. 내 이해력을 이기적으로 이용했습니다. 그것은 전혀 도움이 되지 않았습니다. 오히려 해로운 영향만 미쳤습니다. 내 목표는 내 능력을 발휘하여 사물을 소유하는 것이었습니다. 나는 주님을 위해 재능을 사용하지 않았습니다. 그래서 주님을 떠나 먼 나라를 방황하면서, 주님의 은총을 정욕에다 탕진해 버렸습니다. 그러니, 멋진 능력을 가졌다 한들 무슨 소용이 있었겠습니까? 나는 다른 학생들, 심지어는 재능이 많은 사람들조차도, 우리가 함께 공부할 때 내가 배운 것보다 훨씬 더 많은 노력을 기울여야 한다는 것, 그러므로 가장 탁월한 자만이 나를 따라잡을 수 있다는 사실을 도무지 이해할 수 없었습니다.

결국 수치스럽게도, 나의 추론은 주님에 관한 쓸데없는 생각들만 불러일으켰습니다. 사실 나는 무한한 진리의 하나님이신 주님이 광대하게 빛나는 실체적 육체를 지녔다고 상상하게 되었습니다. 실로 사악함의 극치를 달렸지요. 그것이 바로 나였습니다. 그래 놓고도 아무런 수치심도 없이 나의 신성모독을 다른 이들에게 가르치고 기록했습니다. 이제 와 주님의 자비를 곡해

했음을 고백하려니 수치스럽기 짝이 없습니다.

  내가 학문에 영특한 재치가 있고, 누구의 도움도 없이 그 모든 책들 속의 정신적 난제들을 해명할 수 있는 능력을 지녔다 한들 무슨 소용이 있었겠습니까? 나는 지식을 너무나도 저급하게 사용한 나머지, 신앙의 가르침을 수치스러운 신성모독으로 변질시켜 버렸습니다. 신실한 이들은 무슨 불이익이 닥치더라도 재빨리 달아나지 않았습니다. 주님에게서 멀리 떠나지 않았습니다. 그들은 주님의 교회라는 둥지 안에 머물렀습니다. 그곳은 안전했습니다. 그들은 굳건한 신앙의 먹이를 먹었기에, 강하고 튼튼한 날개, 깃털이 풍성한 날개를 달게 되었습니다.

  오, 주님, 우리 하나님, 주님의 날개 그늘에서 저희가 주님의 보호를 바라게 하옵소서.

  저희가 연약할 때 이끌어 주시고, 백발이 되어 쇠약한 가운데 부르짖을 때 저희를 품어 주옵소서.

  주님이 저희를 붙들어 주시면 굳건하지만, 저희가 스스로 지탱하고자 하면 그 힘이 연약합니다.

  저희가 알고 있는 유일한 선은 바로 주님 안에 있습니다. 저희가 선으로부터 고개를 돌리면, 다시 돌아가는 그 순간까지 주님이 저희를 떼어놓을 것입니다.

  오, 주님, 저희가 쓰러지지 않도록 돌아봐 주옵소서.

  저희 안의 선이 타락하지 않게 하옵소서. 주님은 썩지 않으실 저희의 선이십니다.

  주님 안에서 저희는 두려움이 없습니다. 방황하더라도 돌아갈 고향이 있기 때문입니다. 저희가 멀리 떠나 있을지라도, 주님은 영원한 인내로 저희 거처를 예비해 두십니다.

제 7 장

치유와 회복

제 7 장
치유와 회복

고백의 예물을 받아 주옵소서.

내 혀를 만드신 이도 주님이시고, 내 혀가 주님께 고백하도록 자극하신 이도 바로 주님이십니다.

이제 언어의 예배로 주님께 영광을 돌리게 하옵소서.

주님은 내 부서진 **뼈**들을 고쳐 주셨습니다. 내 뼈들이 주님을 찬미하게 하옵소서. "오, 주님, 주님 같은 이가 어디 있습니까?"

주님께 고백하는 이는 주님이 아직 모르는 사적인 이야기를 자세히 털어놓는 게 결코 아닙니다. 주님은 모든 생명의 온갖 생각들을 다 아십니다. 마음을 닫아도 주님이 못 들어오게 잠글 수는 없습니다. 아무리 완악한 마음도 주님 손의 칼을 돌릴 수는 없습니다. 연민이든 복수든, 주님의 뜻을 얼핏 보고 세운 방어책을 주님은 녹여 없애버리십니다. 그 무엇도 주님의 열기를 피할 수 없습니다.

내 영혼이 주님을 찬양하고, 주님을 사랑하게 하옵소서.

주님의 자비를 다시 고백하게 하시고, 주님을 찬미하게 하옵소서.

주님의 창조세계가 지속되는 한, 찬양소리가 그치지 않을 것입니다.

인간의 영혼이 소리를 내어 주님께 찬양했습니다.

생명이 있든 없든, 모든 피조물들이 찬양을 돌립니다.

피곤에 지친 영혼들이 주님이 창조한 것에 기대어 서서, 다름 아닌 주님을 향해 비틀거리며 나아갑니다.

회복력과 힘으로 주님이 모든 만물을 훌륭하게 만드셨습니다.

쉼이 없는 무신론자들이 주님이 닿지 못할 곳으로 달아나지만, 주님은 어둠을 가르고 그들을 지켜보십니다. 반역자의 정신은 천해지지만, 우주만물은 주님의 사랑스러운 창조세계에 머무를 것입니다. 무신론자들이 어떻게 주님을 상처 입힐 수 있겠습니까? 그들이 어떻게 주님의 통치를 더럽힐 수 있겠습니까? 가장 높은 하늘로부터 가장 낮은 땅까지, 주님의 통치는 공의롭고 완전합니다. 주님의 실존이 존재하지 않는 곳이 어디 있어서, 그들이 숨을 수 있겠습니까? 어디로 간들 주님이 찾아내지 못하시겠습니까?

죄인들은 자기를 지켜보시는 주님을 보지 않으려고 도망칩니다. 그들이 도망치는 것은 눈이 멀었기 때문에, 어둠 속에서 주님께 넘어질까 봐 두려워서입니다. 그것은 두려워할 만한 일입니다. 주님은 주님의 작품을 결코 버리지 않으시기 때문입니다. 주님께 부딪치는 것도 부당합니다. 충돌할 경우 그들이 깊은 상처를 입게 됩니다. 그들은 주님의 관대함으로부터 물러나, 주님의 공의를 향해 비틀거리며 나아갔습니다. 그들 자신의 무익함에 걸려 넘어졌습니다.

인간은 정말로 무식합니다. 주님이 어디에나 계신다는 사실도 모릅니다. 주님은 안 계신 곳이 없습니다. 주님에게서 멀리 떨어져 나왔다고 생각하는 이들의 곁에도, 주님은 존재하십니다.

그리고는 그들이 주님을 다시 찾도록 만드십니다. 그들은 창조주를 버렸지만, 주님은 피조물을 버리지 않으셨습니다.

주님은 그들이 다시금 주님을 찾도록 만드십니다. 주님께 고백하는 이들의 마음속에, 주님께 자신을 맡기는 이들의 마음속에, 주님의 품에서 사나운 길을 후회하며 우는 이들의 마음속에 계십니다. 그들이 기쁨의 눈물을 흘릴 때까지, 그들의 눈물을 부드럽게 닦아 주십니다. 주님, 오직 주님만이 그들을 만들었습니다. 주님은 살과 피의 어떤 행위가 아니라, 그들의 조물주이십니다. 주님, 주님이 그들을 만들었기에, 오직 주님만이 그들을 다시 만들 수도, 위로할 수도 있습니다.

죄인들은 길을 모르므로 주님을 찾지 못할 것입니다. 물론 주님이 만드신 우주에 관해 연구할 수는 있을 것입니다. 자신의 연구와 정신 그 자체에서 주님의 임재를 느낄 것입니다. 주님의 지혜가 만드신 것들을 알기 위해 노력할 것입니다.

독생자께서는 우리를 위해 지혜와 정의와 정화가 되셨고, 우리 가운데 거하시는 동안 가이사에게 공물을 바쳤습니다 ― 온갖 인간적인 경험들을 다 겪으셨습니다.

죄인들은 주님께로 오는 길을 알지 못했습니다. 하지만 이제는 주님의 길을 따라 주님께로 올라갈 수 있습니다.

그들은 길을 알지 못했고, 자신이 별만큼 고귀하다고 착각했습니다. 그들이 땅으로 떨어져, 바보처럼 어둠 속에 앉아 있는 모습을 보십시오.

그들은 다른 피조물들에 관하여 많은 것들을 이야기할 수 있지만, 그 피조물들의 창조주에게서 진리를 찾지는 않습니다. 그래서 더 이상 그분께 다가갈 수가 없습니다.

그분이 하나님이라는 걸 알면서도 그분께 영광을 돌리지 않습니다.

감사할 줄도 모릅니다.

그들의 멋진 말들은 의미 없는 거짓말에 불과합니다.

그들은 자신이 현명하다고 착각합니다. 오직 주님께만 속한 특징을 자기에게 돌립니다.

또 자신들에게 속한 것을 주님께 돌립니다.

진리이신 주님에 관해 거짓말을 꾸며내면서, 완악하게 고집을 부립니다.

결국 그들은 불멸의 하나님이 지니신 영광을, 썩어 없어질 인간이나 새나 네 발 달린 짐승이나 기어 다니는 것들의 형상으로 변화시켜 버렸습니다. 주님의 진리를 거짓말로 바꾸고, 창조주가 아닌 피조물을 숭배하며 섬겼습니다.

거의 9년 동안이나 내 마음은 안정을 찾지 못한 채 마니교의 가르침에 귀를 기울였습니다. 나는 파우스투스를 무척이나 만나보고 싶었습니다. 그 어떤 종파에 가입해도, 신앙의 핵심에 관한 내 반박에 답해 주는 이가 없었기 때문입니다. 파우스투스가 온다면 둘이서 의논할 수가 있고, 그러면 내 문제들도 금방 해결될 거라는 희망을 품고 있었습니다. 마침내 그가 왔습니다. 그와 대화를 나누는 건 아주 유쾌했으며, 그는 좀 더 정교한 언어를 구사할 줄 아는 사람이었습니다. 하지만 그 역시 다른 마니교 신자들과 똑같은 것들을 말했습니다. 나는 목이 말랐고, 그는 재치가 넘치는, 술 따르는 자에 불과했습니다.

하지만 나는 좀 더 나은 걸 마시고 싶었습니다. 내 귀는 이미 이런 사상들 때문에 괴로움을 겪고 있었습니다. 이 말들의 정교함 뒤에는 진리가 전혀 없었고, 훌륭한 설명과 우아한 말솜씨로도 영혼을 지혜롭게 만들 수 없었습니다. 그의 이해력과 지혜를 칭송하던 이들의 판단은 잘못된 것이었습니다. 그들은 그저 그의 말을 듣는 걸 좋아했을 뿐입니다.

진리가 세련되고 화려한 설명으로 전달되지 않을 경우 사람들이 그 진리를 의심하고 결코 받아들이지 않으리라는 사실을 나는 깨달았습니다. 오, 나의 하나님, 주님이 이미 내 귀를 경이롭고 비밀스런 방식으로 진리를 향하게 해주셨기에, 나는 그 웅변가의 주술에서 벗어날 수 있었습니다. 주님은 내가 진리를 분별할 수 있도록 가르치셨습니다. 주님 말고는 적당한 진리의 교사가 결코 있을 수 없습니다. 언제 어디서나 별은 바로 우리 위에서 빛나는 것처럼 보입니다. 주님을 통하여 나는 정교하다고 해서 결코 진리일 수는 없다는 사실을 배웠습니다. 또 촌스럽게 설명한다고 해서 다 거짓일 수도 없습니다. 언어는 풍부합니다. 호화로운 접시에 차리든 투박한 접시에 차리든, 지혜와 거짓은 여전히 유익한 음식과 해로운 음식입니다. 지혜와 거짓이라는 음식은 아무 그릇에나 담을 수 있으며, 언어의 기술로 장식할 수 있습니다.

그토록 오랫동안 파우스투스가 오기만을 고대했던 나는 일단 그의 무대 매너와 생생한 논쟁에 매료되었습니다. 선택되고 준비된 단어들이 그의 사상을 뒤덮었습니다. 나는 다른 사람들보

다 훨씬 더 기뻐하고, 찬사를 돌리고, 박수갈채를 보냈습니다. 그럼에도 불구하고 나를 괴롭히는 게 있었습니다. 그가 설명하는 동안 일어서서 내 문제를 털어놓고 대화를 나눌 수가 없었던 것입니다. 그래서 친구들과 나는 다른 기회를 노려야만 했습니다. 그리고 드디어 이런 문제들에 관하여 대화를 나누게 되었을 때, 그는 금방 무지를 드러냈습니다. 문법 외에는 인문과학에 대해 별로 아는 게 없었던 것입니다. 문법적인 지식도 간신히 평균치에 달했습니다. 그런데도 그가 어느 정도 정교한 사상을 지니고 있었던 건, 키케로의 웅변집 몇 권과 세네카의 저서 몇 권, 시집 몇 권, 그리고 라틴어로 쓰인 마니교 서적 몇 권을 읽었기 때문이었습니다. 그는 유쾌하고 매력적인 방식으로 이야기할 수 있게 될 때까지 매일 연습했습니다. 그리하여 타고난 기품에 멋진 재치를 곁들이게 된 것입니다.

주님, 내 양심의 심판자시여, 파우스투스와 함께 했던 시간을 나는 이렇게 기억하고 있습니다. 주님 앞에 내 마음과 기억을 활짝 엽니다. 그때부터 주님은 신비로운 섭리로 나의 생각을 이끌기 시작하셨습니다. 주님은 내 부끄러운 죄들을 내 앞에 펼치시고, 그것들을 자세히 들여다보게 하셨습니다. 그리하여 나는 그것들의 본질을 인식할 수 있게 되었고, 그것을 미워하는 방법도 배우게 되었습니다.

파우스투스는 탁월하리라 기대했던 바로 그 학문에 대해 너무나도 무지했습니다. 그 사실을 안 나는 절망에 빠졌습니다.

그동안 나를 괴롭히던 문제들을 그가 개입하여 해결해 주리라 믿고 있었기 때문입니다. 아무리 무지한 그일지라도, 신앙의 진리만 지켰더라면 마니교 신자가 되지 않았을 것입니다. 마니교 서적에는 하늘과 별, 해와 달에 관한 장황한 신화들이 가득 들어 있기 때문입니다. 나는 더 이상 그에게 기대를 품지 않게 되었습니다. 그는 마니교 서적에서 본 계산과 인문과학 서적에서 본 계산의 차이에 대해서, 둘 중 어떤 게 좀 더 정확한 것인지, 아니면 어떤 게 더 올바른 것인지, 만족스런 설명을 줄 수 있는 사람이 못 되었습니다.

나는 그에게 이런 문제들에 관해 생각해 보자고 제안했습니다. 하지만 그는 무척이나 신중했고, 부담을 떠안지 않으려 했습니다. 자신이 그런 것에 관해 아무 것도 모른다는 사실을 깨달았고, 또 금방 그것을 시인했습니다. 최소한 그는 내가 그동안 겪어온 수다스러운 사람들과는 달랐습니다. 많은 걸 가르쳐 주기로 해놓고 아무 말도 못하는 그런 사람들 말입니다. 파우스투스는 비록 주님을 향한 건 아니었지만, 그래도 마음을 지닌 사람이었습니다. 자신의 한계를 잘 알고 있었기에, 논쟁하다가 위험한 함정에 빠질 일은 없었습니다. 그는 쉽게 빠져나올 수 없는 논쟁에는 성급하게 말려들지 않았습니다.

이런 점 때문에 나는 그를 더 좋아하게 되었습니다. 진리 그 자체를 이야기하는 겸손한 마음이 내기 찾고 있던 신비의 지식보다 더 나았습니다. 나는 좀 더 어렵고 미묘한 문제를 제기할 때마다 매번 그가 개방적이고 솔직하다는 사실을 깨달았습니다.

 이러한 경험은 마니교 서적에 대한 열정을 둔화시켰습니다. 나를 당황스럽게 만드는 여러 가지 문제들에 대해 해답을 제시해 줄만한 다른 마니교 교사를 앞으로도 계속 찾아 헤매야 하는지, 그것도 확신이 서지 않았습니다. 지금 막 최고로 칭송 받는 교사 한 사람을 만나봤습니다. 나는 그가 어느 정도 아는 체했던 다른 서적들에 대해서 대화를 나누려 했습니다. 그 당시 나는 카르타고에서 젊은 학생들을 가르치고 있었습니다. 나는 그가 듣고 싶어 하는 책이나, 그가 이해할 수 있을 것 같은 책들을 읽어 주었습니다. 하지만 결국은 이 사람에게 심오한 것들을 배워 마니교도로서 발전해 나가야겠다는 계획을 완전히 포기하게 되었습니다.

 하지만 그 즉시 인연을 끊어버리지는 않았습니다. 사실 나는 그보다 더 나은 것을 알지 못했습니다. 따라서 뭔가 더 나은 것이 내 앞에 나타날 때까지는, 그냥 내가 속해 있던 모임에 만족하기로 했습니다.

 많은 사람들에게 치명적인 덫이었던 파우스투스는, 이런 식으로 내가 저지른 죄로부터 나를 부지중에 풀어주기 시작했습니다. 오, 하나님, 주님의 손이 주님의 섭리에 따라 은밀히 역사하고 있었습니다. 주님은 내 영혼을 버리지 않으셨습니다. 내 어머니가 가슴으로 흘린 피가, 밤낮으로 흘린 눈물과 함께, 주님께 드리는 희생 제물이 되었습니다. 믿을 수 없는 방법으로 주님은 나를 다루셨습니다. 나의 하나님, 그 일을 행하신 이는 바로 주님이십니다. 각 사람의 발걸음은 주님께서 정하신 목적지를 향해 나아가도록 되어 있습니다. 주님의 손이 만드신 것들을 다시 고쳐주지 않으신다면, 우리가 어찌 구원을 얻을 수 있겠습니까?

주님은 내 길을 인도하셨습니다. 카르타고에서 가르치던 것들을 로마에서도 가르치도록 설득하셨습니다. 주님이 나를 어떤 식으로 설득하셨는지를 떠올릴 때마다, 가장 심오한 주님의 지혜와 자비를 생각하고 고백하지 않을 수 없습니다.

로마로 가면 돈도 더 많이 벌고, 더 높은 지위를 차지할 것이라는 친구들의 주장도 나를 설득하진 못했습니다. 물론 이런 것들도 흥미는 있었습니다. 하지만 내가 로마로 가게 된 이유는 아주 중요하고 독특했습니다. 그 곳 젊은이들은 진지한 학문을 덜 혼란스럽게 추구할 수 있다는 말을 들었던 것입니다. 수업 분위기도 좀 더 차분하고 규율이 잘 잡혀 있다고 했습니다. 학생들은 충동적으로 학교수업에 잠깐 들를 수 없으며, 교수의 허락 없이는 수업에 들어갈 수도 없다고 했습니다. 하지만 카르타고는 전혀 달랐습니다. 학생들 사이에 너무나도 남부끄러운 자유방임적 태도가 편만해 있었습니다. 감히 소란스럽게 거친 몸짓으로 교실에 불쑥 들어오곤 했으며, 학생들을 위해 세워 놓은 모든 질서들을 무너뜨리기 일쑤였습니다. 학생들은 난폭하게 행동했고, 법의 중요성에는 놀라울 정도로 무관심했습니다. 사실 관습이 그들을 좀 더 비열하게 행동하도록 부추긴 것입니다. 그들은 주님의 영원하신 법이 불법이라고 선언한 일들을 합법적으로 저질렀습니다. 그러면서도 아무런 결과도 닥치지 않으리라 생각했습니다. 하지만 그들은 사실 무분별이라고 하는 엄청난 벌을 받고 있습니다. 무분별로 인해 이런 행동을 저지르게 되고, 무분별로 인해 자신이 생각한 것보다 훨씬 더 큰 괴로움을 겪게 됩니다.

내가 학생일 때는 절대로 그런 행동을 취하지 않았습니다. 하지만 이제는 교사이므로 모든 걸 참아내야만 했습니다. 따라서 모두가 그곳과 정말로 다르다고 장담한 곳으로 간다는 게 무척 기뻤습니다. 카르타고에 있던 나를 부추겨, 내 영혼의 구원을 위해 속세의 생활을 변화시키도록 하신 분은 바로 나의 피난처인 주님이셨습니다. 로마는 진지한 학생들을 제공해 준다는 특별한 미끼를 던져서, 주님은 나를 카르타고에서 건져 주셨습니다. 이것이 바로 나를 주님의 약속으로 이끌어 주신 방법입니다. 어떤 이들은 이 죽어가는 삶과 사랑에 빠져 미친 듯이 옮겨 다니고, 또 어떤 이들은 좀 더 조용하면서 무가치한 약속들을 쫓아다닙니다. 주님은 나만의 특별한 고집을 이용하여 내 발걸음을 바른 곳으로 인도해 주셨습니다. 나의 고요를 방해한 이들은 남부끄러운 광란에 빠져 눈이 멀었고, 나를 다른 곳으로 초대한 이들은 세상의 것들만 즐겼습니다. 그리하여 나는 내가 싫어하는 비극은 덜 일어나고 비현실적인 것은 더 많을 것으로 보이는 곳, 행복을 누릴 수 있을 것처럼 여겨지는 곳으로 갔습니다.

오, 하나님, 주님은 내가 떠나는 진짜 이유를 잘 알고 계셨지만, 어머니와 저에게는 가르쳐 주지 않으셨습니다. 어머닌 큰 소리로 울면서 몹시 슬퍼하였고, 마치 먼 바다로 떠나는 것처럼 나를 따라 나섰습니다. 어머닌 완력으로라도 나를 붙들거나, 아니면 아예 함께 떠나고 싶어 했습니다. 그래서 나는 어머니를 속였습니다. 항해를 떠나기 위해 순풍을 기다리고 있는 친구를 만나러 가는 척했습니다. 어머니께 거짓말을 하고 도망쳤던 것입니다. 이 거짓말까지도 주님은 자비롭게 용서해 주셨습니다. 그런 끔찍한 죄투성이인데도, 주님은 내가 주님의 은총의 물을 알 수 있도록 항해 길의 물로부터 지켜 주셨습니다. 그 물로 인해, 나를 위해 날마다 흘리셨던 내 어머니의 눈물이 말랐습니다.

어머니 혼자서는 결코 돌아가지 않으려 했기 때문에, 간신히 어머니를 설득해서 그날 밤은 우리 배 옆의 딱딱한 곳, 고인이 된 키프리아누스를 기리기 위한 곳에서 머무르도록 하였습니다. 그리고는 눈물로 기도하는 어머니를 뒤로 하고 몰래 떠났습니다.

오, 주님, 어머니가 눈물로 간구한 것은 내가 항해를 떠나지 못하게 막아달라는 것 아니었습니까? 하지만 주님은 어머니의 진정한 바람이 무엇인지를 알아채셨습니다. 그리고 저를 어머니가 늘 간구했던 사람으로 만들기 위해 역사하셨습니다. 바람이 불어 저희 돛을 부풀게 하였고, 해안이 저희 눈에서 멀어졌습니다. 다음날 아침 어머니는 슬픔으로 제정신이 아닌 채 해변에 서있었습니다. 주님의 귀에 불평과 신음을 쏟아 부었습니다.

하지만 주님은 그것을 무시하셨습니다. 내가 내 욕망을 좇는 동안, 주님은 온갖 욕망의 결말로 이끌기 위해 나를 재촉하셨습니다. 물론 나를 향한 어머니의 세속적인 애정도 슬픔의 매로 인해 단련되었습니다. 어머니는 세상 모든 어머니들처럼 내 존재를 사랑했습니다. 이 세상 무엇보다도 사랑하셨습니다. 그 당시만 해도 어머니는, 나를 떠나게 함으로써 주님이 어머닐 위해 커다란 기쁨을 예비하고 계신다는 사실을 몰랐습니다.

어머닌 몰랐습니다. 그러기에 울고불고 했던 것입니다. 이 고통을 통해서 어머니 안에 있던 하와의 유산이 드러났습니다. 슬픔에 젖은 어머니는, 슬픔 가운데 낳았던 자식을 그리워하고 있었습니다. 어머니는 나의 배신과 몰인정을 꾸짖고 나서는, 다시금 나를 위해 중재의 기도를 드렸습니다.

어머닌 집으로 돌아가고, 난 로마로 갔습니다.

내가 신체적인 질병의 회초리를 느끼고 있을 때, 로마는 나를 받아들였습니다. 그동안 주님과 나 자신과 다른 사람들에게 저지른 죄를 모두 안고서 지옥에 떨어지는 것만 같았습니다. 아담 안에서 우리 모두가 죽게 되는 원죄의 굴레 말고도, 내가 수없이 저질러온 지독한 죄들이 떠올랐습니다. 주님은 아직 이 죄들 가운데 어떤 것도 그리스도 안에서 용서해 주지 않으셨습니다. 나는 아직 내 죄들이 자초한 증오, 그리스도께서 십자가로 없애 주신 증오로부터 자유를 얻지 못했습니다. 그분이 십자가에 달려 돌아가신 것을 진정한 육신이 없는 뭔가의 죽음으로 믿고 있었으니, 어찌 그분이 나의 죄를 씻어주실 수 있었겠습니까? 내 영혼은 완전히 죽어버려서, 그분의 살이 가짜처럼 보였습니다. 그분의 죽음만이 사실이었습니다. 신앙이 없는 내 영혼의 생명은 그야말로 가짜였습니다.

열이 높이 올랐을 때, 나는 막 주님을 영원히 떠나려던 참이었습니다. 만일 그 때 생명이 끊어졌더라면, 분명히 불과 고통 속에 던져졌을 것입니다. 내가 저지른 범죄로 인해 주님 명령의 진리 안에서 마땅히 벌을 받았을 것입니다.

어머니는 내가 병에 걸린 것도 모르고, 내가 없는 동안 늘 나를 위해 기도했습니다. 어디에나 계시는 주님은 어머니가 있는 곳에서 즉시 그 기도를 들어 주셨고, 내가 있는 곳에도 계셨습니다. 주님은 나를 측은히 여기셔서, 불순종하는 내 마음이 여전히 미쳐 날뛰는데도 신체적인 건강을 회복시켜 주셨습니다. 나는 그 모든 위험에도 불구하고 주님의 세례를 원하지 않았습니다. 오히려 세례와 어머니의 기도를 간청했던 소년시절의 내가 더 똑똑했을 것입니다. 나는 수치스러운 존재로 성장하고 말았고, 주님의 처방을 미친 듯이 비웃었습니다. 하지만 주님은 내가 이 상태에서 두 번 죽도록 내버려두지 않으셨습니다. 만일 내 어머니의 마음이 이런 식으로 상처를 입었더라면, 정말이지 다시는 치유되지 못했을 것입니다. 나를 향한 어머니의 사랑은 가히 형언할 수가 없을 정도입니다. 내 육신을 낳았을 때보다 내 영혼을 낳기 위해 수고한 것이 훨씬 더 고통스러웠습니다.

어머니의 넘치는 사랑을 잘 알기에, 그 당시 내가 죽었더라면 도대체 어떻게 극복해 내셨을지, 짐작조차 할 수 없습니다. 주

님만을 향해 끊임없이 간구했던 내 어머니의 강하고도 부단한 기도는 과연 어찌되었을까요? 자비의 하나님, 그 정숙하고 근엄한 과부의 겸손하고 회개하는 마음을 주님이 어떻게 무시할 수 있었겠습니까? 어머니는 주님의 종들을 섬기기 위해 늘 자비롭게 행동했습니다. 아침저녁으로 두 번씩 주님께 기도드리지 않은 날이 단 하루도 없었습니다. 어머니는 주님의 교회에 나가는 걸 한 번도 거르지 않았고, 쓸데없는 소문이나 늙은 여자들의 수다에는 귀를 기울이지 않았습니다. 오직 주님의 말씀을 듣기 위해 갔으며, 주님께 기도드리기 위해 갔습니다. 그런 여인의 눈물을 주님이 어떻게 무시하고 안 도울 수 있었겠습니까? 어머니가 구한 것은 금은보화나 덧없이 사라지는 재물이 아니었습니다. 아들의 영혼을 구원해 달라는 것이었습니다. 그리고 어머니가 그랬던 것은 어디까지나 주님의 은사였습니다.

주님, 주님은 내 어머니를 무시할 수 없으셨습니다. 어머니 곁에서 귀 기울이셨고, 주님이 처음부터 작정했던 계획이 완성되도록 역사하셨습니다. 주님은 결코 환상이나 응답으로 어머니를 속인 게 아니었습니다. 그 환상과 응답에 관해서는 앞에서 일부 이야기했습니다. 어머니의 신실한 마음은 그 약속을 꽉 붙들고 있었습니다. 그러면서도 늘 기도하고, 환상으로 보여주신 것들을 반드시 지키시라고 거듭 간청했습니다. 마치 주님이 계약서에 서명을 하신 것처럼 말입니다. 주님은 주님의 영원한 자비를 경험한 이들과 신실한 관계를 세우시는 분입니다. 주님은 그들의 죄를 모두 용서하셨고, 그들은 주님이 약속을 모두 이행하도록 지켜보고 있습니다.

주님은 내 병을 고쳐 주셨습니다. 주님 여종의 아들이기에 고쳐 주신 것입니다. 주님은 더 크고 오래 가는 전부를 주실 때까지 내가 육신을 가지고 살아갈 수 있도록 시한을 늘려 주셨습니다.

로마에서도 나는 여전히 서로 속고 속이는 "거룩한 이들"과 어울렸습니다. 이들의 제자 집에서 병든 몸이 차츰 회복되어가고 있을 때, 나는 제자직을 뛰어넘어 자칭 "선택 받은 이들"이라고 일컫는 내부집단에까지 들어갔습니다. 여전히 나는 우리가 직접 죄를 짓는다고는 믿지 않았습니다. 그저 낯설고 사악한 힘이 우리 안에서 죄를 짓는다고 믿고 싶었습니다. 그 당시 나는 책임감이 없는 사람이었기에 그런 식으로 교만을 부렸습니다. 뭔가 죄를 저질러도 잘못을 인정할 필요가 없었습니다. 내 힘으론 통제할 수 없는 "그" 무언가에게 책임이 있으므로, 주님은 분명 내 영혼을 치유해 줄 것이었습니다. 나는 변명을 늘어놓으며 진짜 나와는 상관이 없는, 내 안의 어떤 신비스러운 "것"을 비난하고자 했습니다. 사실 나와 나 자신을 분리한 건 어디까지나 사악한 내 마음이었습니다. 내 죄는 더욱더 가망 없어졌습니다. 나 스스로 전혀 죄가 없다고 심판했기 때문입니다.

나는 그야말로 혐오스러운 죄인이었습니다. 오, 전능하신 하나님, 나는 구원 받기 위해 주님께 매달리기보다는 오히려 주님을 통제하려 들었습니다. 그것이 궁극적인 파멸을 가져오는 것도 모른 채 말입니다. 하지만 주님은 여전히 내 입술에 파수꾼을 세우지 않으셨습니다. 나는 계속해서 사악한 말들을 쏟아냈고, 내 죄에 대한 책임이 전혀 없는 것처럼 스스로를 정당화하려 했습니다.

　죄 가운데 사는 이들의 길은 그렇습니다. 나는 그들에게 "선택 받은 자"였습니다.

제8장

밀라노로
찾아온 어머니

제 8 장
밀라노로 찾아온 어머니

내가 어렸을 때 주님은 나의 소망이셨습니다. 그런데 어른이 된 후로는 내 마음 속 어디에 계셨습니까? 주님이 나를 만들지 않으셨습니까? 주님이 나를 들짐승이나 공중의 새와 구별하지 않으셨습니까? 그것들보다 더 영리하게 만들어 주셨을 텐데, 어째서 나는 어둡고 미끄러운 길로만 다녔을까요? 내 바깥에서만 주님을 찾아 헤맸습니다. 내 정신만 제외하고 사방으로 주님을 찾아 다녔습니다. 바다 깊은 곳을 들여다보았습니다. 나는 진리를 믿지 않았습니다. 진리를 찾을 수 있을 거라는 생각도 안 했습니다.

곧 어머니가 나를 따라잡았습니다. 어머닌 여전히 신앙 안에 굳건히 서있었습니다. 주님이 모든 위험에서 건져 주실 것만 믿고, 산을 넘고 바다 건너 나를 따라왔습니다. 바다에서 위험에 처했을 때는, 항해에 익숙지 않은 승객들을 선원이 위로해 줘야

하는데도 불구하고, 오히려 어머니가 선원들을 격려하였습니다. 안전하게 도착할 거라는 확신을 심어 주었습니다. 환상 중에 주님이 안전한 여행의 결말을 약속하셨다고 말해 주었습니다.

어머니가 당도했을 무렵 나는 도저히 진리를 찾을 수 없다는 끔찍한 절망의 위기에 처해 있었습니다. 이제 더 이상 마니교도가 아니지만 그래도 여전히 어머니의 정통 그리스도교 신앙은 받아들이지 않았다고 공표했습니다. 어머닌 이 소식을 듣고도 생각처럼 크게 기뻐하지 않았습니다. 분명 그 몇 해 동안 어머닌 나의 비참한 상황을 알고, 마치 내가 죽은 것처럼 슬퍼했습니다. 어머니 맘속에서 내가 죽은 것처럼, 다시 깨어나길 기다려왔습니다. 주님이 나를 이 무덤에서 옮기시고, 이 과부의 아들에게 "젊은이야, 내가 네게 말한다. 일어나거라!" 하고 말씀하시길 기다려왔습니다. 그러면 즉시 죽은 아들이 되살아나 말하기 시작하고, 어머니에게로 돌아올 것이니까요.

그럼에도 불구하고 어머니는 떠들썩하게 환호하지 않았습니다. 주님께 매일 눈물로 간구한 것들이 곧 응답을 받게 되었다는 소식을 듣고도 말입니다. 비록 아직은 진리를 얻지 못했지만, 나는 그동안 나를 옭아맸던 우두머리로부터 도망을 쳤습니다. 그런데도 어머니는 지극히 고요했습니다. 주님이 예전에 약속했던 것들을 모두 이루어 주시리라고 굳게 믿고 있었기 때문입니다. 어머닌 주님을 완전히 신뢰함으로써 쉼을 얻었던 것입니다. 어머닌 죽기 전에 반드시 내가 정통 신앙으로 돌아오는 모습을 보게 될 것이라는 확신을 갖고 있었습니다. 자비의 근원이신 주님께 그토록 많은 기도와 눈물을 쏟아왔음에도 불구하고, 어머니는 이렇게 침착한 확신을 품고 있었던 것입니다. 어머닌 내 어두운 세상에 어서 속히 빛을 비춰 주시라고 주님께 울부짖어왔습니다.

어머니는 더욱더 열심히 교회에 나가 암브로시우스의 말씀을 귀담아 들었습니다. 그는 영원한 생명수가 솟아나길 기도했습니다. 어머니는 그가 하나님의 천사라도 되는 것처럼 사랑했습니다. 이미 그를 통해서 주님이 나를, 아직은 불확실하지만, 신앙으로 이끌어 주었으니까요. 어머닌 내가 곧 최후의 이변들을

통해서 완전한 영적 건강을 얻게 되리라고 굳게 믿었습니다. 마치 의사가 내 영혼의 병이 마지막 고비를 겪게 되리라고 말해준 것처럼요.

아프리카에서 어머니는 성자들을 기리는 교회에 케이크와 빵과 포도주를 바치는 관습을 늘 지켰습니다. 여기에서도 그렇게 하려다가 그만 문지기의 저지를 당했습니다. 주교가 이런 관습을 금했다는 사실을 알자, 어머니는 그의 지시를 순종적으로 따랐습니다. 어머니가 아무런 이의도 제기하지 않고 그토록 쉽게 관습을 버리는 모습을 보고 나는 무척이나 놀랐습니다.

어머닌 한 번도 술에 취하지 않았습니다. 술을 좋아하여 진리를 혐오한 적도 없었습니다. 너무도 많은 사람들이, 알코올중독자가 물 탄 술을 거부하듯이, 건전한 가르침을 거부했는데도 말입니다. 어머니는 성인의 축일에 바구니 한 가득 관습적인 음식을 담아갈 때에도, 맛만 살짝 본 다음 나머지는 버렸습니다. 어머니의 입맛에 맞게 희석시킨 포도주를, 의례상 작은 잔으로 딱 한 잔만 마시곤 했습니다. 또 고인이 된 다른 성인들의 교회에 갈 때에도, 그 잔을 가지고 가서 똑같은 방식을 취했습니다. 그렇게 가지고 다니다 보면 술이 아주 묽고 미지근해졌습니다. 어머닌 그 술을 자기 주변에 있는 사람들과 한 모금씩 나눠 마셨습니다. 쾌락이 아니라 헌신을 함께 나눈 것이지요. 이제 어머니는 그 관습이 유명한 설교자이자 숭고한 주임사제에 따라 금지되었다는 사실을 알았습니다. 지나치게 많이 마셔 술 취한 일이 전혀 없는 사람들까지도 금지를 당했습니다. 이렇게 성인들의 죽음을 경축하는 연례행사는 이교도들의 미신적인 행렬과 흡사했으므로, 어머니는 아주 기꺼이 그 관습을 버렸습니다. 이 땅의 과일들이 가득한 바구니 대신, 하나님을 향한 진실한 간구가 가득한 마음을 순교자들의 교회에 가져갔습니다. 그리고 여전히 가난한 이들을 위해 줄 수 있는 걸 내주었습니다. 그러니, 성만찬예식이 완벽하게 베풀어진 것이지요. 이 예식은 순교자들이 그리스도의 수난의 본보기를 따라 고난당하고 면류관 썼던 것을 기념하는 것이었습니다.

오, 주님, 내가 아는 어머니는 이 관습을 그토록 쉽게 포기할 사람이 아니었습니다. 암브로시우스처럼 사랑하는 분이 금하지 않았더라면 절대로 포기하지 않았을 것입니다. 그가 내 영적 성장에 미친 영향 때문에, 어머니는 그를 전적으로 따랐습니다. 그는 신앙의 문제에 관하여 어머니와 대화하는 걸 높이 평가했습니다. 어머니는 교회 안에서 한결같이 선한 행실을 하고 열렬한 정신적 봉사를 실천했습니다. 암브로시우스는 나를 볼 때마다 어머니에 대한 칭찬을 아끼지 않았습니다. 그런 어머니를 둔 나를 축하해 주었습니다. 그 어머니의 아들이 온갖 것들에 대해 의심을 제기하고 거룩한 삶에 이르는 길은 아무도 알 수 없다고 주장한 일에 대해 그는 전혀 몰랐습니다.

나는 여전히 진심으로 기도하지 않았습니다. 주님을 알 수 있게 도와달라고 간구하지 않았습니다. 내 관심은 오로지 교육과 논쟁에만 쏠렸습니다. 암브로시우스는 세상 사람들이 보기에 무척이나 행복한 사람 같았습니다. 그는 굉장히 존경 받고 있었습니다. 단지 그의 금욕생활은 그리 즐거운 삶의 방식이 아닌 것 같았습니다.

어떤 것들은 내가 직접 경험해보지 않았기에 알 수 없었습니다. 그가 스스로에게 품은 소망이라든지, 멋진 삶의 배후에 놓인 온갖 유혹들과의 투쟁 같은 것을 나는 몰랐습니다. 괴로운 순간에는 어디에서 위로를 받는지, 영혼의 숨겨진 입에 성체를 물고 씹는 순간 얼마나 자비로운 기쁨을 맛보는지 알 수 없었습니다.

그 역시 내 감정의 성쇠나, 벼랑 끝에 서있는 위험을 알지 못했습니다. 나는 마음처럼 선뜻 그에게 다가갈 수 없었습니다. 그의 삶은 적극적인 군중들의 이야기에 귀를 기울이고 조언을 해주는 일로 분주했습니다. 그는 연약한 사람들을 섬겼습니다. 어쩌다 잠깐씩 시간이 생기면, 아주 적은 양의 음식을 먹거나 휴식을 취하거나 독서에 몰두했습니다. 독서를 할 때 그는 눈으로 책장을 훑으면서 마음으로 의미를 새겼으며, 목소리는 내지 않았습니다. 그의 문은 언제나 모든 사람에게 열려 있었습니다. 그를 만나고 싶은 사람은 언제라도 즉시 다가갈 수 있었습니다. 우리가 방문했을 때 그는 독서에 몰두하고 있는 경우가 많았습니다. 그럴 때는 끼어들고 싶지 않은 마음에 조용히 앉아서 기다리곤 했습니다. 그의 곁을 떠나기는 싫었으니까요.

제9장

친구들

제 9 장
친구들

나는 율법과 예언서 공부를 즐기게 되었습니다. 더 이상 성서 본문을 몽땅 불합리하게 여기는 회의론자의 눈으로 훑어보지 않았습니다. 예전에는 불신앙 때문에, 주님의 거룩한 이들이 어리석은 것들을 믿는다 하여 경멸하였습니다. 하지만 이제는 암브로시우스의 설교를 즐겨 듣고, 그가 지키라고 일러준 본문들도 귀담아 들었습니다. 문자는 사람을 죽이지만 영은 사람을 살립니다. 그는 표면상 무의미한 것 같고 지식을 거스르는 것처럼 보이는 것들 속에도 영적인 의미가 들어 있음을 보여줌으로써, 오해의 장막을 거둬 주었습니다. 그의 가르침이 진리인지 아닌지는 확실하지 않았습니다. 나는 그가 가르치는 모든 것들에 대해 동의하는 걸 일부러 삼갔습니다. 또 다른 신앙에 무분별하게 빠져들까 봐 무서웠기 때문입니다.

이런 불확실 상태가 나를 서서히 죽여 갔습니다. 나는

7+3=10처럼 확실한 영적 실재가 되고 싶었습니다. 나는 내 정신이 숫자 계산을 이해한다는 것조차 의심할 만큼 회의론에 미친 사람은 아니었습니다. 물질적이든 정신적이든 간에, 모든 것들이 명확한 진리이기를 원했습니다. 물질적이고 측정 가능한 것들 외에 어떤 식으로 증명할 수 있는지 알지 못했습니다. 금방 나의 의심을 버렸더라면, 영혼의 눈으로 좀 더 명확히 볼 수 있는 비전을 발견했을 것입니다. 늘 역사하시고 절대로 실패하시지 않는 주님의 진리 안에서 갈피를 잡을 수 있었을 것입니다.

하지만 돌팔이 의사에게 당한 사람은 유능한 의사도 쉽사리 믿지 못하는 법입니다. 나는 신앙 같은 것으론 절대로 내 영혼이 치유 받을 수 없다고 생각했습니다. 오히려 더 거짓된 것을 믿게 될까봐 두려웠기 때문입니다. 주님은 신앙이라는 진짜 약을 준비해 두었는데, 나는 주님의 치료를 거부했습니다. 주님의 처방은 온 세상의 질병을 치유할 수 있는데도 말입니다.

순전히 이론적인 추론만으로 영원한 진리를 분별해내기엔 너무도 약했기에, 우리는 성서의 권위가 필요했습니다. 나는 주님이 원하지 않으셨다면 온 세상이 이 책을 찾고 믿도록 그렇게 탁월한 권위를 부여하지 않았을 것이라고 생각했습니다. 이제까지는 이상하고 비합리적인 것처럼 들렸던 성서의 많은 부분

들이 이제는 귀에 들어왔습니다. 여전히 불합리하게 들리는 것들은 기꺼이 심오한 신비라고 일컬었습니다. 성서의 권위는 좀 더 탁월했고, 신앙 가운데 받아들일 만한 가치가 있었습니다. 성서의 명확한 의미는 모든 이에게 열려 있지만, 가장 큰 신비는 심오한 것을 이해할 수 있는 사람들에게도 쉽사리 드러나지 않습니다. 주님은 간결한 단어와 평이한 문체로 모든 이들에게 굽히셨습니다. 하지만 그것을 추구하는 사람들에게는 가장 강렬한 효과를 요구하십니다. 누구나 성서에 접근하여 안식처를 찾고 그들 가슴에 품을 수 있습니다. 좁은 굴을 통해 불어오는 산들바람은 소수만을 주님께로 날려 보낼 수 있습니다. 만일 아주 높은 권좌에 앉아 있었다면 훨씬 더 많은 사람들을 데려왔을 것입니다. 그렇게 간결하고 친밀한 언어가 아니었다면 훨씬 더 많은 무리들이 따랐을 것입니다.

내가 그런 것들을 생각하고 있을 때 주님이 나와 함께 하셨습니다.

내가 한숨을 지을 때 주님이 들으셨습니다.

내가 흔들릴 때 주님이 나를 인도하셨습니다.

저 넓은 세상길을 헤매고 다닐 때에도 주님은 나를 버리지 않으셨습니다.

내가 여전히 명예와 부와 결혼을 열망할 때 주님은 나의 야망을 비웃으셨습니다.

이런 세상적인 꿈을 버린다는 건 참으로 견디기가 힘들었습니다. 하지만 은혜로우신 주님이 나를 인도하면 할수록, 주님이 아닌 것들에는 관심을 덜 갖게 되었습니다. 오, 주님, 이제 나의 마음을 보옵소서. 내가 이런 이야기를 주님께 고백하게 될 줄 그 누가 알았겠습니까? 절대로 도망칠 수 없는 끔찍한 덫에서 내 영혼을 해방시켜 주셨으니, 이제 내 영혼이 주님께 붙들려 있게 하옵소서. 나는 가여운 사람이었습니다. 기꺼이 모든 걸 버리고 주님께 속하게 될 때까지, 주님은 내 상처를 더욱 악화시키셨습니다. 주님은 모든 생명보다 위에 계시며, 모두가 주님께 회개하고 치유를 받을 때까지 전혀 문제될 게 없습니다.

나는 비참했습니다. 주님이 나를 어떻게 다루셨습니까? 황제에게 바치는 찬양 글을 낭독하려고 준비하던 어느 날, 주님은 나를 더 비참하게 만들었습니다. 나는 수많은 거짓말을 늘어놓을 것이고, 그게 다 거짓말인 줄 알면서도 사람들은 박수를 치게 될 것이었습니다. 내 마음은 불안과 애타는 걱정들로 열이 올라 헐떡거렸습니다.

밀라노의 거리를 지나가다가 나는 불쌍한 거지를 보았습니다. 배가 부른 상태에서 웃고 즐거워하는 모습이었습니다. 나는 한숨을 쉬면서 주변에 있던 친구들에게 그를 가리켰습니다. 우리는 미쳐 날뛰는 삶 속에서 슬픔을 가득 짊어지고 있었습니다. 뒤처지고 싶지 않은 야망이 우리를 부추기고 있었습니다. 자기 불만족이라는 짐을 질질 끌고 가느라 애쓰고 있었지만, 우리 마음은 점점 더 무거워지기만 했습니다. 우리 앞에서 웃고 있는 그 거지만큼이라도 기쁨을 누리고 싶었습니다. 우리가 결코 얻을 수 없는 행복을 그는 누리고 있었습니다. 그는 남들에게 구걸한 동전 몇 개만으로도, 내가 그토록 비틀거리며 얻고자 했던 만족을 이미 누리고 있었습니다.

그것은 일시적인 위로의 기쁨이었습니다. 그 거지가 얻은 건 진정한 기쁨이 아니었지만, 야심 찬 계획을 이루기 위해 내가 애쓰는 것만큼이나 사실적인 것이었습니다. 그는 너무나 행복한데 나는 불안했습니다. 그는 두려울 게 없는데 나는 모든 게 두려웠습니다. 만일 그 거지가 자신처럼 즐거운 상태에 있고 싶은지 아니면 나처럼 두려운 상태에 있고 싶은지를 물었다면, 나는 분명 즐거워지고 싶다고 대답했을 것입니다. 하지만 그가 자기 같은 거지가 되고 싶으냐고 물었다면, 비록 근심과 두려움으로 찢어진다 할지라도 나 자신으로 있고 싶다고 말했을 것입니다. 이 얼마나 불쌍한 판단입니까? 차라리 그가 되고 싶어야 하는 것 아닙니까? 그보다 더 많은 지식을 갖고 있었지만, 온갖 추구로 인해 기쁨을 누리지 못했으니 말입니다. 나는 교사로서 내 역할을 다하려는 게 아니라 인상적인 행동으로 사람들을 즐겁게 해주려고만 했기 때문에 나 자신의 기쁨은 빼앗기고 말았습니다.

이런 새로운 깨달음은 주님의 회초리가 준 최고의 충격이었습니다.

누군가 이렇게 말했습니다. "사람이 기쁨을 얻는 방법은 저마다 달라. 그 거지는 술에 취해 즐거워했어. 넌 영예롭게 기쁨을 얻고 싶었고."

주님, 영예가 무엇입니까? 주님 안에서 찾을 수 없는 영광이 무슨 소용입니까?

진정한 기쁨도, 진정한 영예도 없었습니다.

그리하여 내 영혼은 더욱더 방황하였습니다. 그 거지는 바로 그날 밤 술에서 깬 뒤 실재로 돌아갈 것이었습니다. 하지만 나는 앞으로 나가고픈 욕망에 취한 채 인사불성이 되어 잠들고 깰 것이었습니다. 그날 밤 잠들고 다음 날 깨어나도 더 이상 실재와 접촉할 수 없었을 것입니다.

얼마나 많은 밤을 이런 식으로 보내야 한단 말입니까? 하나님, 오직 주님만 알고 계셨습니다.

예, 물론 "사람이 기쁨을 얻는 방법은 저마다 다릅니다."

나도 잘 압니다. 신실한 소망의 기쁨은 학자의 이기주의와 상당히 거리가 멉니다. 그 거지가 나와 멀리 떨어져 있던 것도 바로 그 때문이었습니다. 그는 환희에 완전히 사로잡혀 행복했던 반면, 나는 걱정으로 속이 텅 비어 있었기에 불행했습니다. 그는 포도주를 통해서 자신이 원하던 것을 제대로 얻었지만, 나는 거짓말에 귀 기울이고, 공허하고 과장된 칭찬을 추구했습니다.

이런 생각을 친구들에게 얘기했습니다. 그들을 볼 때마다 마치 거울에 비친 내 모습을 보는 것 같았습니다. 그들과 같은 식이라면 결코 잘하고 있는 게 아니라는 판단이 섰습니다. 그리하여 나는 더더욱 절망하였고, 기분도 훨씬 더 안 좋아졌습니다.

내 길에는 좋은 것들이 많이 있었습니다. 하지만 너무나도 낙담한 나머지 다가갈 수가 없었습니다. 그때까지 늘 좋은 것들을 붙잡으려 했지만, 모두 다 날아가 버렸기 때문입니다.

함께 생활하던 친구들은 모두가 이런 운명을 한탄하였습니다. 나는 이런 것들에 관하여 주로 알리피우스, 네브리디우스와 얘기를 나누었습니다.

알리피우스는 같은 고향 출신으로서, 지체 높은 가문에 태어났습니다. 그는 나보다 어렸고, 내가 타가스테와 카르타고에서 강의하던 시절 내 문하생으로 있었습니다. 그는 나를 무척 사랑하였습니다. 내가 친절하고 학식 있어 보였기 때문입니다. 나는 고결한 삶을 살고자 애쓰는 그를 높이 평가했습니다. 그렇게 어린 사람치고는 너무나도 강해 보였습니다.

그러나 처음부터 그런 것은 아니었습니다. 처음에는 시간을 낭비하는 경기나 쇼를 지켜보는 소용돌이 속에 푹 빠져들었습니다. 대부분의 카르타고인들은 원형극장의 광기를 열광적으로 추구했습니다. 그렇게 비루한 삶에 빠져 있는 동안 그는 내 수업을 하나도 듣지 않았습니다. 그 당시 내가 카르타고에서 수사학 강의를 하고 있었는데도 말입니다. 그것은 그의 아버지와 내 사이가 아주 나빴기 때문이었습니다. 나는 알리피우스가 원형극장에 얼마나 푹 빠져 있는가를 눈치 챘습니다. 그가 훌륭한 능력을 내던져 버린 것 같아서 무척이나 실망스러웠습니다. 아직 꼭 그런 건 아니지만 말입니다.

그렇다고 내가 조언을 해줄 입장도 아니었고, 그의 관심을 돌려 학문으로 되돌아오게 할 수 있는 영향력도 없었습니다. 그에게 영향을 미칠만한 교사로서의 권위도, 우정도 없었으니까요. 그때만 해도 나는 아버지만큼이나 그도 나를 싫어할 거라고 생각했습니다. 하지만 그건 결코 사실이 아니었습니다. 그는 결국 아버지의 소망을 무시하기 시작했습니다. 처음에는 거리에서 마주칠 경우 내게 인사만 했습니다. 그러다가 나중에는 내 강의에 간혹 얼굴을 보이곤 했습니다. 잠시 앉아 있다가 사라지곤 했습니다.

여전히 나는 그가 쓸모없는 쾌락을 좇아 어리석은 광신주의에 무분별하게 빠져듦으로써 그토록 훌륭한 정신을 황폐화시키는 걸 막으려 하지 않았습니다. 하지만 오, 주님, 주님은 주님이 창조한 모든 만물의 길을 인도하시며, 그를 결코 잊지 않으셨습니다. 주님은 언젠가 그가 주님의 자녀가 될 것과, 주님의 성례전을 베푸는 성직자가 될 것을 알고 계셨습니다.

주님은 그의 변화가 반드시 주님으로부터 비롯되기를 원했습니다. 그리하여 나는 주님이 나를 어떻게 쓰시고 있는지도 모른 채 거기에 기여했습니다.

어느 날 나는 평소처럼 학생들 앞에 앉아 있었습니다. 그가 들어와 인사하더니 자리에 앉았습니다. 그리고는 배울 과목에 정신을 집중하였습니다. 그때 우연히도 나는 원형극장 경기를 묘사함으로써 본문을 설명하게 되었습니다. 수업을 좀 더 흥미롭고 쉽게 이끌기 위해 원형극장 경기와 거기에 사로잡힌 사람들의 광기에 대해서 풍자적이고 수사적인 농담을 늘어놓았습니다. 하나님, 주님은 내가 그런 농담을 통해서 알리피우스와 그의 중독에 어떤 영향을 미칠 의도가 전혀 없었음을 잘 아십니다. 하지만 그는 그것을 마음 속 깊이 받아들였고, 내가 자신을 위해 그런 거라고 생각했습니다. 다른 사람이라면 자신을 놀린다고 생각해 불쾌감을 느꼈을 수도 있습니다. 하지만 이 성실한 청년은 오로지 자신에게 화를 냈습니다. 그리고 내 행동 때문에 나를 높이 평가하게 되었습니다.

　주님은 일찍이 성서에 이렇게 말씀하셨습니다. "지혜로운 사람은 꾸짖어라. 그가 너를 사랑할 것이다"(잠언 9장 8절 하반절 참고). 나는 그를 꾸짖지 않았습니다. 하지만 주님은 원하는 대로 이루기 위해 무엇이든지 사용하십니다. 그것이 의식하든 못하든 상관없이 말입니다. 주님은 내 마음과 혀를 불타는 숯으로 만드신 목적을 잘 아십니다. 그것은 선한 목적, 곧 쇠약해진 것들을 고침으로써 희망찬 마음에 불을 놓으시려는 것이었습니다.

　주님의 자비를 기꺼이 들여다보지 않는 이는 부디 침묵하게 하옵소서.

그가 주님을 찬양하지 못하게 하옵소서.

내 정신 가장 깊은 곳에서 주님을 만나보고 고백할 것입니다.

내 강의를 듣고서 알리피우스는 자신이 빠져들었던 깊은 함정으로부터 갑자기 튀어나왔습니다. 그는 천한 즐거움에 눈멀어 있던 삶을 버리고, 엄청난 자제력을 발휘했습니다. 원형극장 쇼의 온갖 타락에서 벗어난 후, 카르타고에 있는 동안 다시는 그곳을 찾지 않았습니다. 이 일이 있은 뒤로 그는 아버지에게 내 문하생이 되겠다는 말을 다시 꺼냈고, 그의 아버지는 마지못해 승낙하였습니다.

그렇게 해서 알리피우스는 또다시 내 강의를 듣게 되었는데, 그때만 해도 나는 여전히 마니교의 미신에 푹 빠져 있었습니다. 그 역시 마니교에 사로잡혔습니다. 추종자들을 과시하는 그들의 금욕적인 생활방식을 원했습니다. 그는 그것이 실제보다 더 꾸밈없고 성실하다고 생각했습니다. 사실, 금욕주의는 실제적인 목표가 전혀 없고, 일종의 민감한 영혼만 꼬드겼습니다. 그것은 강하고 신중한 도덕성을 약속함으로써 많은 이들을 유혹했지만, 사실은 현혹적이고 피상적인 것에 지나지 않았습니다. 그 밑에서는 모든 게 희미했고, 삶을 변화시키는 가치관의 값싼 모조품에 불과했습니다.

알리피우스는 부모가 원하는 대로 세상적인 성공의 길에 머물렀습니다. 그는 나보다 앞서 로마로 떠났습니다. 그곳에서 그는 법률을 공부했습니다.

어느 날 알리피우스는 저녁식사를 마치고 나오던 동료학생들, 그리고 아는 사람들 여럿과 우연히 마주치게 되었습니다. 친구들은 야단법석을 떨면서 함께 가자고 그를 잡아끌었습니다. 거세게 저항하는 그를 잔인하고 끔찍한 쇼가 펼쳐지는 원형경기장으로 데려갔습니다. 그는 친구들에게 소리쳤습니다. "내 몸을 완력으로 끌고 가서 그 자리에 앉혀둘 수는 있겠지만, 내 마음이나 눈이 그런 쇼를 보게 만들 수는 없을 것이네. 나는 거기 있어도 없을 것이고, 너희 모두를 이겨낼 것이야." 그들은 이런 말을 듣고도 계속해서 그를 끌고 갔습니다. 과연 원형경기장 안에서도 정말로 쇼를 보지 않을 수 있는지 알아보고 싶었던 모양입니다.

그곳에 도착하여 자리를 잡고 앉았을 때에는 사방이 이 야만스런 쇼를 통해 피를 보려는 욕망으로 불타는 것 같았습니다. 하지만 그는 계속해서 눈을 감고 있었으며, 사악한 쇼로부터 마음을 닫으려 애썼습니다. 할 수만 있다면 귀까지 닫고 싶었습니다. 검투사들 중 하나가 쓰러지자 모두가 커다란 함성을 질렀습니다. 그 순간 강렬한 감정이 그의 호기심을 자극했습니다. 자기 앞에서 벌어지는 사악한 쇼를 혐오하고 그것에 초연하리라 마음먹은 그는 눈을 뜨고 바라보았습니다. 그의 부드러운 영혼은 그 검투사가 입은 것보다 훨씬 깊은 상처를 입었습니다. 그런 함성을 불러 일으켰던 당사자보다 훨씬 더 비참해지고 말았습니다. 그의 귓속으로 들어온 소리와 그의 눈을 뜨게 한 광경이 그의 영혼을 사정없이 때려눕혔습니다. 그는 좀 더 단호해지기는커녕 대담하게 죄를 저질렀습니다. 주님께 의지하지 않고 자신의 힘만 믿은 나약한 존재였던 것입니다.

　피를 보자마자 그는 그 잔인함을 꿀떡꿀떡 마셨습니다. 이제는 고개도 돌리지 않았습니다. 오히려 뚫어지게 바라보면서 흥분에 빠져들었습니다. 이제 그는 자신이 그 경기를 얼마나 즐기게 되었는지, 그 폭력성에 얼마나 도취되었는지조차도 깨닫지 못했습니다. 이제 더 이상은 원형경기장에 들어간 한 개인이 아니라, 군중의 일부일 뿐이었습니다. 그를 끌고 온 젊은이들의 진정한 동지가 된 것입니다.

　그 후의 행동에 대해서는 더 이상 말할 필요도 없습니다. 그는 보고, 소리치고, 흥분하고, 광분했습니다. 친구들과 다시 경기를 보러 갔고, 앞장서서 다른 친구들을 유인했습니다. 얼마 뒤에 주님은 강하고 자비로운 손으로 그런 그를 낚아채셨습니다. 자신이 아닌 주님을 신뢰하도록 가르치신 것입니다.

　카르타고에서 그가 내 문하생으로 있을 때 주님은 이 일을 하셨습니다. 대낮에 시장에서 그는 다른 학생들처럼 수업 시간의 질문에 대답할 내용을 생각하며 외우고 있었습니다.

　주님은 갑자기 그가 언쟁에 휘말려 들고, 도둑으로 내몰리게 하셨습니다. 그것은 그가 무고하게 체포되어 직접 다른 사람들의 심판을 받는 입장에 서보게 하신 것이었다고 나는 믿습니다. 생각 없이 성급하게 행동하는 군중들에 따라 부당하게 비난 받는 사람이 많다는 사실을 처음부터 깨닫게 해주신 것입니다.

　이 젊은 법률가는 시장의 법정 앞에서 책과 철필을 손에 들고, 생각에 잠긴 채 천천히 걷고 있었을 뿐입니다. 알리피우스는 자기 근처에서 도둑 하나가 조용히 손도끼를 이용해 은 세공사 가게 지붕의 납 격자문으로 들어가려 한다는 사실을 눈치 채지 못했습니다. 하지만 누군가가 그 도둑이 납 격자문을 찍어서 자르는 소리를 들었고, 곧 은 세공사가 지붕 위의 도둑을 체포하기 위해 경찰을 데리고 왔습니다. 도둑은 사람들 소리를 듣고 도망쳤는데, 손도끼가 손에 안 잡히자 그냥 두고 가버렸습니다. 알리피우스는 도둑이 살짝 들어오는 것은 못 봤지만, 빠져나가는 것은 알아챘습니다. 무슨 일이 벌어지고 있는지 궁금한 그는 도둑이 있었던 곳으로 들어가 손도끼를 발견했습니다. 곧 경찰이 들이닥쳐 손도끼를 쥔 그를 발견하고는 소란을 피웠습니다. 악명 높은 도둑이 붙잡혔다는 소식을 듣고 시장의 모든 상인들이 모여들었습니다. 그리고 그는 치안판사에게 넘겨졌습니다.

주님, 그가 무죄하다는 사실을 모두에게 증명하기 훨씬 전에, 주님은 이 과정을 통해 알리피우스에게 교훈을 가르쳐 주셨습니다. 그리고 이 사실을 혼자만 알고 계셨습니다. 그가 감옥에 갇히거나 처벌을 받게 된 순간, 그 도시의 모든 공공건물을 책임지고 있는 최고 건축가가 나타났습니다. 상인들은 그 사람을 보고 기뻐했습니다. 그가 한때는 시장에서 도난당한 물건들을 훔친 범인으로 그들을 의심했기 때문입니다. 그들은 그동안 도둑질을 해온 장본인을 그에게 보여주고 싶었습니다.

다행히도 그는 한 원로원 의원의 집에서 알리피우스를 자주 본 사람이었습니다. 둘 다 사회적으로 그 집을 자주 방문했던 것입니다. 그는 알리피우스를 구해낸 다음 구석으로 데리고 갔습니다. 그리고는 어쩌다 이런 재난에 처하게 되었는지를 물었습니다. 그는 알리피우스의 설명을 귀담아 듣더니, 아직도 소란스럽게 위협을 가하는 군중들에게 자신을 따르라고 말했습니다. 그들은 진범인 젊은이의 집에 도달했습니다. 어린 하인 하나가 밖으로 나왔습니다. 그는 이 사람들 앞에서 절대로 솔직하게 말해서는 안 된다는 것을 몰랐고, 이로 인해 자기 주인이 어떤 해를 입게 될지도 몰랐습니다. 그래서 자기 주인과 함께 시장에 갔던 일을 털어놓았습니다. 건축가가 그 소년에게 손도끼를 보여주며 누구 것인지 아느냐고 물었습니다.

그러자 "우리 것이에요"라고 대답했습니다. 몇 가지 질문을 더 던지자 사건의 전말이 밝혀졌습니다. 이것으로 의심은 그 집으로 옮겨갔고, 군중은 성급한 결론을 내려 알리피우스를 모욕한 것 때문에 수치를 당했습니다.

언젠가 그는 주님의 말씀을 베푸는 사람, 주님의 교회에서 수많은 사건들을 조사하는 사람이 될 것이었습니다. 바로 그 날 그는 그 임무를 더 잘 배우고 준비할 수 있게 되었습니다.

로마에서 다시 만난 후, 그는 나에게 찰싹 달라붙었습니다. 알리피우스는 나를 따라 밀라노로 왔습니다. 나와 함께 있고 싶기도 했고, 비록 자신보다는 부모님을 기쁘게 하기 위해 공부한 것이긴 하지만 어쨌든 법률을 실습해볼 수도 있었기 때문입니다. 밀라노에서 그는 세 번에 걸쳐 법정중재인을 연임했고, 부정부패를 저지르지 않는 것으로 세인들 사이에서 명성을 얻었습니다. 사실 그는 다른 사람들이 정직보다는 부의 획득을 더 선호하는 것에 깜짝 놀랐습니다.

    로마에서 그는 이탈리아 재무부 판사의 중재인으로 일했습니다. 그 당시, 많은 사람들이 두려워하는 매우 유력한 원로원 의원이 한 명 있었는데, 그는 설사 법에 저촉된다 할지라도 자기가 원하는 것이라면 반드시 손에 넣고 말았습니다. 하지만 알리피우스는 이 원로원 의원의 요청을 거절했고, 그가 약속한 뇌물도 물리쳤습니다. 위협을 해와도 굴복하지 않았습니다. 이렇게 공정한 사람은 그동안 없었기에, 그의 태도를 목격한 사람들은, 유력한 친구를 사귀는 데에도 관심이 없고 권위 있는 사람을 적으로 만드는 일에도 두려움이 없는 이 비범한 인물에 대하여 놀라움을 금치 못했습니다. 이 원로원 의원이 자기 친구들에게는 좋은 일을 아주 많이 하고 또 반대하는 사람들에게는 사악한 짓을 많이 하기로 유명한 사람이었기에, 그의 용기는 더더욱 놀라운 것이었습니다.

    상황은 점점 악화되었습니다. 알리피우스의 직속상관이 그 원로원 의원을 공개적으로 공격하고 싶지 않아 알리피우스 혼자만 비난을 받도록 떠넘겼던 것입니다. 그 판사는 원로원 의원의 대리인에게, 자신은 그들의 요청을 기꺼이 들어주고 싶지만 알리피우스가 묵과하지 않을 것이라고 말했습니다. 사실 그 말은 진짜였습니다. 그 판사가 그들의 요청을 들어주려 할 경우 알리피우스가 반대할 것이 틀림없었으니까요.

    결국 그 원로원 의원 때문에 삶은 더 궁핍해졌고, 하마터면 알리피우스는 굴복할 뻔했습니다. 터무니없이 비싼 책값을 마련하지 못해, 공부에 필요한 책들을 도저히 구입할 수 없었기 때문입니다. 하지만 심사숙고한 끝에 그는 좀 더 고상한 길을 따르기로 작정했습니다. 포기할 경우 그가 얻을 수 있는 권력보다는, 좀 더 숭고하게 공정성을 지키기로 한 것입니다.

  이것은 작은 일입니다. 하지만 지극히 작은 일에 충실한 사람은 큰일에도 충실한 법입니다. 주님의 진리의 약속은 결코 헛되지 않을 것입니다. 어떤 사람이 부의 유혹을 충실히 이겨내지 못한다면, 누가 그에게 진정한 재물을 맡기겠습니까? 다른 사람의 생명에 충실하지 못한 이는 자신의 생명에 대한 진정한 권위도 부여 받지 못할 것입니다. 이런 경험을 통해서 알리피우스는 나와 더 가까워졌고, 어느 길로 가야 할지 몰라 흔들릴 때마다 나를 찾아오곤 했습니다.

  또 한 명의 제자인 네브리디우스는 나에게 배우겠다는 일념으로 카르타고 근처의 고향을 떠나 밀라노까지 유학을 온 학생이었습니다. 그는 화려한 집과 땅과 어머니를 뒤로 하고 떠나왔습니다. 나와 함께 열정적으로 진리와 지혜를 탐구하고 싶어 했습니다. 나처럼 한숨지었고, 나처럼 동요했으며, 나처럼 열심히 진실한 삶을 추구했습니다. 그는 가장 어려운 문제들을 가장 예리하게 분석하였습니다.

  이렇게 해서 우리 셋은 가난한 동지가 되었습니다. 서로의 부족함을 탄식하고, 주님이 적당한 시기에 음식을 주시길 고대하였습니다(시편 104편 27절 참고). 주님의 자비가 이끌어 주시는 이 세상살이의 온갖 슬픔 속에서, 고통을 주시는 주님의 목적을

찾으려 했으나 암흑밖에 보이지 않았습니다. 우리는 눈을 돌리고 신음했습니다. "이런 일이 언제까지 계속될꼬?" 종종 불평을 늘어놓으면서, 대답을 찾는 일에 몰두했습니다. 하지만 우리 귀에는 어떤 분명한 응답도 들려오지 않았습니다. 우리는 버림받은 우리 영혼이 붙잡을 수 있는 뭔가를 찾아 헤맸습니다.

우리 친구들 중에는 인생사의 소요와 혼란에 대해 우리처럼 불만을 품은 이들이 많았습니다. 우리는 함께 대화하고 논쟁한 끝에, 인간사와 야단법석에서 벗어나 살 수 있는 해결책을 찾아냈습니다. 그리고 그것을 어떻게 실행에 옮길 수 있을지 생각했습니다. 저마다의 재산을 몽땅 거둬서 공동주택을 한 채 지으면 될 것 같았습니다. 서로를 향한 우정에 신실했기에, 그 무엇도 어느 한 사람만의 것이 될 수 없었습니다. 오히려, 우리가 함께 모은 전 재산은 저마다에게 속하게 되고, 또 저마다의 소유는 모두에게 속하게 될 것이었습니다.

우리는 열 명 정도가 이 사회의 이상적인 구성원이 될 거라고 생각했습니다. 우리 가운데 몇 명은 굉장한 부자였는데, 특히 로마니아누스는 더 부자였습니다. 그는 나와 같은 고향 출신이었고, 어렸을 때부터 잘 알고 지낸 사이였습니다. 우리는 아주 절친한 친구였습니다. 마침 그는 복잡한 가족문제를 해결할 만한 방법을 찾느라 고군분투하고 있었습니다. 특히 그의 사유지와 관련된 법정 사건이 가장 큰 골칫거리였습니다. 그리하여 그는 우리 프로젝트의 가장 열렬한 후원자가 되었습니다. 그의 몫이 가장 큰 비중을 차지했습니다. 나눌 수 있는 재산이 우리보다 훨씬 더 많았으니까요.

  우리는 해마다 두 명의 관리인이 온갖 필요물자를 제공하고, 나머지는 세상적인 문제로 인해 괴로움을 겪지 않는 것으로 결정을 내렸습니다. 그렇지만 우리들 중 몇 명은 이미 결혼을 한 상태고, 나머지 몇 명도 결혼할 예정이었기에, 그 계획은 금방 휴지조각이 되어버렸습니다. 어떻게 해야 이 사회를 아내들에게도 맞출 수 있을지 알 수가 없었습니다. 그래서 그 계획은 결국 무산되고 말았습니다. 우리에게는 아이디어가 많았지만, 주님의 계획은 영원하십니다. 한숨과 신음 속에서 우리는 세상의 넓고 관례적인 길을 따라가게 되었습니다. 주님의 계획은 우리 계획을 수치스럽게 만들고, 주님의 목적이 우리를 위해 준비할 것이었습니다. 주님 손을 펼쳐서 우리의 영혼에 축복을 내려주실 것이었습니다.

제 10 장

완전에
이르는 길

제 10 장
완전에 이르는 길

　나는 주님이 공간의 물질적 실재 안에 존재한다고 생각하는 단계까지 이르렀습니다. 타락하기 쉽고, 상처 입기 쉽고, 변하기 쉬운 존재와 달리, 주님은 타락할 수도 없고, 상처를 입을 수도 없고, 변할 수도 없는 존재라고, 나는 여전히 믿고 싶었습니다. 주님의 존재가 세상 속에 주입되었든지, 아니면 우주 전체에 무한히 퍼졌을 것이라고 생각했습니다. 문제는 물질적 실재를 초월하면서도 실제적인 존재를 도저히 상상할 수 없다는 것이었습니다. 만일 주님이 만물의 바깥쪽에 존재한다면, 나는 주님이 아무 것도 아니라고 추론했을 것입니다. 만일 공허가 정말로 실체적인 땅이나 물, 공기, 별 같은 물질이 하나도 없는 것이라면, 그런 곳은 결국 거대한 무에 불과한 것이 아니겠습니까?
　이런 정신적 일탈은 어리석은 것이어서 나 자신조차도 확실히 알 수가 없었습니다. 측정 가능한 부피를 지니지 않은 것, 널리 퍼질 수 없는 것, 몇 가지 차원으로 축소하거나 확장시킬 수 없는 것들은 모두 무에 속한 것이라고 나는 생각했습니다. 이러한 믿음은 내 눈으로 볼 수 있는 것에만 한정되었습니다. 내가 그런 것들을 추론하곤 했던 바로 그 정신적 과정도, 놀라운 일들을 벌이고 경이로운 형상을 만들어낼 만큼 사실적이지 못할 이유가 하나도 없었습니다. 하지만 거기에는 내가 하나님께 적합한 것으로 요구하고 있었던 형식이 전혀 없었습니다.

또한 내 생명의 생명이신 주님을, 나는 무한한 공간에 거하시는 광대한 분으로 생각하려고 애썼습니다. 나는 주님이 우주 전체와 그 너머에까지 충만할 정도로 크신 분이라고 상상했습니다. 어떻게 해서 측정할 수도 없을 만큼 끝이 없는 공간까지 미칠 수 있는지, 그리하여 땅도 주님을 소유하고, 하늘도 주님을 소유하고, 모든 만물이 주님을 소유하며, 우주만물이 주님의 울타리 안에 있고, 그 무엇도 주님 안에 속하지 않는 것은 아무 것도 없게 할 수 있는지, 나는 생각했습니다. 나는 주님의 몸이 땅 위를 덮고 있는 공기와도 같을 거라고 추론하였습니다. 공기는 햇빛이 통과하는 것을 막지 않습니다. 빛은 공기 속으로 스며듭니다. 공기를 자르거나 폭발시키지 않고, 공기 속을 가득 채움으로써 말입니다. 따라서 나는 빛이 하늘을 채우는 것처럼, 주님의 몸도 하늘과 공기, 바다, 땅으로 채워질 수 있는 것이리라 상상했습니다. 그런 우주에서는 가장 큰 물체도, 가장 작은 물체도, 주님이 창조한 모든 만물을 향해 안팎으로, 은밀한 영감을 통해서 주님의 존재를 받아들일 수 있을 것이었습니다.

그것은 내 추측에 불과했습니다. 다른 대안은 도저히 생각해 낼 수가 없었던 것입니다. 하지만 내 생각이 틀렸습니다. 만일 모든 만물이 주님으로 가득 차 있다면, 부피가 큰 것이 작은 것보다 주님을 더 많이 함유할 것입니다. 참새보다는 코끼리가 훨씬 더 많이 갖게 되는 것입니다. 그렇게 되면 주님은 셀 수 없이 여러 조각인 세상 속에서, 주님의 존재를 셀 수 없이 많은 조각으로 나눠야 할 것입니다. 크고 작은 조각들로 분열되고 마는 것입니다. 그것이 바로 주님의 존재 방식이 되는 것입니다. 하지만 그때까지도 주님은 내 암흑을 밝혀 주지 않으셨습니다.

주님은 나의 인도자였고, 내가 정신의 눈을 영혼의 눈 위에 두는 대신, 예전처럼 다시 영혼의 눈을 통해 실재를 볼 수 있도록 도와주셨습니다. 영적인 눈을 통해서 나는 변함이 없는 빛을 더 잘 볼 수 있게 되었습니다. 이 빛은 누구나 볼 수 있는 평범한 빛이 아닙니다. 발광현상으로 공간을 채우는 최고로 밝은 빛도 아닙니다. 예, 이 빛은 자연의 빛이 아닙니다. 자연적인 인간의 경험과는 너무나도 다른 빛입니다.

이 빛은 내 정신과 결코 분리된 것이 아니었습니다. 기름이 자연히 물과 분리되어 물 위에 뜨는 것과는 달랐습니다. 이 빛은 나의 자기인식과도 전혀 다르지 않았습니다. 하늘이 땅 위에 동떨어져 있는 것과는 달랐습니다.

하지만 이 빛은 내 영혼의 위에 있었습니다. 그 빛이 나를 만들었기 때문입니다.

나는 그 빛 아래 서있었습니다. 그 빛에 따라 만들어졌기 때문입니다.

진리를 잘 아시는 그분은 그 빛이 무엇인지도 잘 아십니다.

진리를 잘 아시는 그분은 영원도 잘 아십니다.

사랑을 잘 아시는 그분은 진리도 잘 아십니다.

오, 영원하신 진리여!

오, 진리이신 사랑이여!

오, 사랑이신 영원이여!

주님은 나의 하나님이십니다. 주님께 내가 밤낮으로 한숨을 짓습니다.

처음 주님을 알았을 때, 주님은 더 잘 볼 수 있도록 나의 시각을 넓혀 주셨습니다. 하지만 여전히 나는 이 높은 곳 너머를 내다볼 수 없었습니다. 그러자 주님은 강하게 흐르는 계몽의 빛으로 내 연약한 눈에서 어두운 그림자를 치워 주셨습니다. 그 섬광 속에서 나는 사랑과 경외로 몸을 떨었으며, 주님을 얼마나 멀리 떠나왔는지 비로소 깨달았습니다. 그동안 나는 주님에게 낯선 지역에서 살고 있으며, 아주 멀고 높은 곳에서 들려오는 주님 음성을 들었습니다.

"나는 장성한 이들의 양식이다. 성장하여라. 그러면 나를 먹게 될 것이다. 네가 나를 먹는다고 해서, 음식이 네 몸에 들어가 변하는 것처럼 내가 변하지는 않을 것이다. 오히려 내 살을 먹으면 네가 변하여 나와 같아질 것이다."

나는 주님이 죄인을 고쳐 주시는 분임을 잘 압니다. 주님이 내 영혼을 거미처럼 쇠약해지게 만드셨습니다. "유한하든 무한하든 간에, 공간을 통해 널리 퍼질 수 없는 것이라면 결코 진리가 아니지요?" 하고 내가 물었을 때, 주님은 멀리서 큰 소리로 이렇게 대답하셨습니다. "진실로 이르노니, 나는 나다."

마치 정신이 드는 것처럼, 나는 들었습니다. 주님은 저에게 의심의 여지를 주지 않으셨습니다. 절대적인 진리는 없다고 의심하느니 차라리 내가 살아 있다는 것을 의심하는 게 나았습니다. 창조된 것들 속에서 그것을 분명히 보고 이해할 수 있었습니다(로마서 1장 19-20절 참고).

높은 곳에서 들리는 주님의 음성을 듣고서 나는 주님 아래에 있는 다른 것들을 지켜보았습니다. 주님으로 인해 생겨나 존재하는 것들을 보았습니다. 다른 것들은 주님에게서 시작되지 않았기에 존재하지 않습니다. 오직 한 분만이 진실로 존재하며, 변함이 없이 지속됩니다. 그러므로 나는 하나님께 단단히 매달려 있는 게 좋습니다. 그분 안에 거하지 않는다면 내 안에서도 살 수 없기 때문입니다. 하지만 그분은 언제나 확고한 분이기에, 만물을 새롭게 하실 수 있습니다.

주님은 나의 주 하나님이십니다. 주님이 존재하기 위해 내게서 필요로 하는 건 아무 것도 없습니다.

이제 내가 주님의 환상 같은 게 아니라 바로 주님을 사랑하니, 정말로 놀라운 일입니다. 하지만 나는 내 하나님을 누릴 수 있도록 밀어붙이지 않았습니다. 내 영혼은 주님의 아름다움 때문에 주님을 향해 올라갔지만, 내 자신의 무게 때문에 다시금 주님으로부터 떨어져 나왔습니다. 나는 신음하면서 낮은 것들을 향해 가라앉았습니다. 이 무게는 세속적인 관습이었습니다. 하지만 가장 낮은 곳에서도, 내 안에는 주님에 대한 기억이 살아남아 있었습니다. 기댈 수 있는 분이 존재한다는 사실을 나는 결코 의심하지 않았습니다. 하지만 주님께 의지할 준비는 아직 안 되어 있었습니다.

썩어 없어질 육체는 영혼을 내리누르고, 이 세상살이는 온갖 생각을 일으키게 하여, 사람의 마음을 무섭게 만듭니다. 내 상황이 바로 그랬습니다. 세상 창조로부터 시작된 주님의 보이지 않는 역사가 피조물들에게 분명히 보이고 이해되었습니다. 주님의 영원한 능력과 삼위일체까지도(로마서 1장 20절 참고).

나는 내 생각을 점검해 보았습니다. 어째서 내가 하늘과 땅에 있는 물체들의 자연스러운 아름다움을 높이 평가하는 겁니까? 변하기 쉬운 피조물을 정확하게 판단하고, "이것은 적당하며, 저것은 적당하지 않다"고 선언할 수 있도록 도와주는 근거는 무엇입니까? 올바른 판단을 할 수 있도록 해주는 것은 무엇입니

까? 그러다가 나는 변하기 쉬운 내 마음과 멀리 떨어져 존재하는, 변하지 않는 영원한 진리를 발견했습니다. 나는 외부의 신체에 대한 인식으로부터, 신체 감각을 거쳐, 영혼에 이르기까지, 차츰 나아갔습니다. 외부 물체에 관한 사실들을 내면화할 수 있는 내적 능력으로, 감각을 통해 배운 것들을 분석하였습니다. 하지만 동물도 그 정도는 할 수 있습니다. 추론 능력은 감각으로부터 배운 것들을 받아들여 판단합니다. 나는 그것이 바로 내 안에 있는 변하기 쉬운 것이라고 추론하였습니다.

하지만 좀 더 고상한 이해에 도달할 수 없었습니다. 습관적으로 생겨나는 생각들 때문에 다시금 떨어지곤 했던 것입니다. 모순적인 환상과 생각들로부터 도망쳐 나오면, 내 정신도 명확하게 보고 아무런 의심 없이 깨우칠 수 있습니다. 변함이 없는 것들이 변하기 쉬운 것들보다 낫다고, 내 정신이 외칩니다. 변하지 않는 게 존재한다는 사실을 내 정신도 압니다. 그걸 모른다면, 변하기 쉬운 것들을 그토록 불만족스러워할 이유가 없는 것입니다.

그렇게 해서 내 정신은 흔들거리는 한 줄기 섬광을 통해 "존재 그 자체"에 도달했습니다. 모든 것이 명료해진 그 순간 나는 주님의 안 보이는 것들, 주님이 지으신 만물을 통해 인식할 수 있는 것들을 보았습니다. 하지만 그것들을 응시할 수는 없었습니다. 타락한 내 자아가 다시 나를 떨어뜨렸기 때문입니다. 나는 예전의 사고방식으로 다시 떨어졌습니다. 진리의 환상 속에서 기억을 더듬으며, 더 많은 것들을 볼 수 있기를 고대했습니다. 나는 진리를 살짝 맛보았지만, 아직 그 진리를 먹을 수는 없었습니다.

계속해서 나는 주님을 누릴 만한 충분한 힘을 얻을 수 있는 방법을 모색했습니다. 그러나 하나님과 사람 사이의 중보자, 예수 그리스도를 영접하기 전까지, 그런 능력은 찾을 수 없었습니다. 예수님은 만물 위에 계시며, 영원토록 찬송을 받으실 하나님입니다(디모데전서 2장 5절 참고). 그분은 "나는 길이요 진리요 생명이다"라고, 나를 부르셨습니다(요한복음 14장 6절 참고). 예수님은 내가 받을 수 없는 음식을 인간의 살과 섞으셨습니다. 그렇게 해서 말씀이 육신이 되셨고, 주님이 만물을 창조하셨던 그 지혜가 갓난아기와도 같은 우리에게 젖을 먹여 주셨습니다.

아직도 나는 내 주 예수 그리스도를 붙들지 않았습니다. 겸허해지긴 했지만, 겸손하신 분께로 가는 길은 여전히 찾을 수 없었습니다. 이 저급한 교사가 어떤 교훈을 줄 수 있는지도 잘 몰랐습니다. 주님의 말씀, 영원하신 진리는 주님의 피조물들 중 가장 높은 것들보다도 더 높은 곳으로, 유순한 이들을 끌어올려 줍니다. 그분은 스스로를 위해 진흙으로 빚은 인간의 낮은 거처를 세우려고 이 낮은 세상에 오셨습니다. 그분은 순종할 만한 이들을 찾아서 인도하기 위해 스스로 낮아지셨습니다. 그들의 교만을 고쳐 주시고, 더 이상 자신감에 넘쳐 더 멀리 나아가지 못하도록, 그들의 사랑을 키워 주십니다. 또한 그분은 연약해질 수 있는 이들을 찾으십니다. 그들의 발 앞에서, 인간의 가죽 옷을 입어 연약해지신 창조주를 봅니다. 지친 이들이 그분께 스스로를 던져, 그분이 올라갈 때 함께 올림을 받을 수 있도록, 그분은 스스로 곤비해지셨습니다.

하지만 나는 다른 식으로 생각했습니다. 나의 주 그리스도가 탁월한 지혜를 지닌 인간이며, 다른 모든 인간들보다 위대한 분이라고 생각했습니다. 그분은 놀랍게도 동정녀에게서 나셨습니다. 그분은 아주 탁월한 권위를 부여 받을 때까지, 우리를 위한 신적인 돌봄에 스스로를 맞춘 것처럼 여겨졌습니다. 그분은 영원한 생명을 얻기 위해 덧없는 것들을 멸시하는 본보기의 삶을 사셨습니다.

그러나 나는 "말씀이 육신이 되었다"는 성서본문에 어떤 신비가 들어 있는지를 상상조차 할 수 없었습니다. 성서에 묘사된 그분의 꾸밈없는 본질에만 매달렸습니다. 나는 그분이 먹고, 마시고, 자고, 걷고, 영적으로 기뻐하고, 또 슬퍼했다는 것을 알았습니다. 그분이 육체는 주님의 말씀과 섞이지 않는다고 가르치셨음을 알았습니다. 육체는 영혼, 정신과 함께 인성에 속합니다. 주님 말씀의 변하지 않는 특성을 파악한 자라면 누구나 다 이것을 잘 압니다. 나도 잘 알았습니다. 나는 팔다리를 내 뜻대로 움직일 수도 있고 멈출 수도 있습니다. 사랑으로 인해 내 몸과 내적 자아를 움직일 수도 있고, 감정을 멈출 수도 있습니다. 다른 사람들과의 의사소통을 통해 현명한 말을 전할 수도 있고, 침묵을 지킬 수도 있습니다. 육체는 영혼과 정신에 속해 있으며, 변하기 쉽습니다.

하지만 만일 성서가 거짓으로 말씀이 육신이 되었다고 한 것이라면, 성서 전체가 거짓일 수도 있는 것이었습니다. 그렇게 되면 인간을 위한 구원 신앙을 얘기할 수 있는 권위적인 출처가 전혀 없어지는 것이었습니다. 이제 나는 이것들이 진실이라는 것을 잘 압니다. 하지만 그때는 그리스도 안에 완전한 인간이 들어 있다는 것밖에 알지 못했습니다. 나는 그리스도가 인간의 몸 이상이라는 점을 이해했습니다. 그의 몸은 감각적인 영혼과 합리적인 정신에 속해 있었습니다. 그는 그야말로 인간이었지, 진리의 이상형이 아니었습니다. 그의 인간적 특성은 아주 탁월했고, 다른 어떤 사람들보다도 완벽하게 지혜에 동참하였습니다.

제 11 장

심플리키아누스

제 11 장
심플리키아누스

그 후로 나는 암브로시우스 주교의 영적 아버지인 심플리키아누스를 찾아갔습니다. 암브로시우스는 그를 친아버지처럼 사랑했습니다. 심플리키아누스에게 나는 그동안 방황해온 지적 미로를 설명했습니다. 그리고 로마의 수사학 교수였던 빅토리누스가 라틴어로 번역한 플라톤학파 서적을 몇 권 읽었다고 말했습니다. 이 빅토리누스가 나중에 그리스도인이 되었다는 얘기는 들은 적이 있었습니다. 심플리키아누스는 내가 단순하고 세상적인 사상만을 취급하는, 오류와 속임수로 가득 찬 다른 철학자들의 책에 빠지지 않은 것을 기뻐하였습니다. 플라톤학파의 사상은 우리를 결국 하나님과 그분의 말씀으로 인도해 줄 수 있으며, 그들의 사상은 현명한 이들에게는 숨기시고 작은 이들에게는 드러내신 그리스도의 겸손함으로 나아가도록 북돋워 준다고 했습니다.

심플리키아누스는 로마에 있을 때 빅토리누스의 절친한 친구였습니다. 나는 그에 관한 이야기를 숨기지 않을 것입니다. 거기에는 주님께 고백해야 할, 주님의 은총에 대한 위대한 찬미가 들어 있기 때문입니다. 연로한 그는 인문과학을 가장 많이 배우고 익혔으며, 철학자들의 수많은 저서들을 읽고 분석하였습니다. 그는 고결한 원로원 의원들을 많이 가르쳤고, 그들은 세상의 눈으로 보기에 너무나도 영예롭고 탁월한 능력을 인정해 주었습니다. 빅토리누스의 동상이 로마 대광장에 세워졌습니다. 그때까지만 해도 그는 우상 숭배자였고, 로마 귀족들 사이에서 유명했던 부정한 제의에 참석했습니다. 그는 사람들에게 아누비스, 짖어대는 신에 대한 사랑을, 그리고 넵튠, 비너스, 미네르바와 맞서 싸웠던 온갖 종류의 기괴한 신들에 대한 사랑을 불어넣어 주었습니다. 로마는 이 신들의 땅을 정복해 놓고는, 오히려 이 신들을 숭배하였습니다.

　빅토리누스는 멋진 말솜씨로 오랫동안 그 신들을 옹호했습니다. 그러다가 갑자기 주님의 그리스도의 자녀, 주님의 샘에서 태어난 갓난아기가 되는 것을 부끄러워하지 않게 되었습니다. 그는 겸손의 멍에를 자기 목에 메고, 십자가의 비난 앞에 머리를 숙였습니다.

　오, 하늘을 낮게 드리우시고 내려오시며(이사야 64장 1-2절 참고), 산들을 만지시어 산마다 연기를 뿜어내게 하시는 주님(시편 104편 31-32절 참고), 도대체 어떻게 그 사람의 마음을 주님께로 돌리셨습니까? 심플리키아누스의 말에 의하면, 빅토리누스는 성서를 읽고, 또 온갖 그리스도교 서적들을 닥치는 대로 찾아내어 연구했다고 합니다. 사적인 자리에서, 친구 대 친구로서, 그는 심플리키아누스에게 이렇게 말했습니다. "나는 이미 그리스도인이라네."

심플리키아누스가 대답했습니다. "그리스도의 교회에서 자네를 보기 전까진, 자네 말을 믿지도 않을 거고, 자네를 그리스도인으로 인정하지도 않겠네."

그러자 그가 익살스럽게 말했습니다. "그렇다면 벽이 그리스도인을 만드는 건가?" 그는 자신이 이미 그리스도인이라는 사실을 이런 식으로 자주 밝혔고, 심플리키아누스는 그때마다 똑같은 대답으로 도전을 하였습니다. 그리고 빅토리누스는 그때마다 "벽"에 관한 명언을 남김으로써 자신의 은밀한 고백을 옹호했습니다. 그는 우상을 숭배하는 교만한 친구들을 거스르게 될까봐 두려워하였습니다. 그 친구들은 주님이 아직 꺾지 않으신 레바논의 삼나무처럼 우람하게, 바벨론의 최고 지위를 차지하고 있었습니다. 고위직에 있었던 빅토리누스는 자기가 공개적으로 그 신들을 거부할 경우 적들로부터 심한 공격을 받을 것이라고 생각했습니다.

그러나 계속해서 책을 읽고 진지하게 생각한 끝에, 결국은 용기를 끌어 모았습니다. 사람들 앞에서 그리스도를 고백하는 걸 두려워했다는 이유로, 거룩한 천사들 앞에서 그리스도께 부인당하는 것이 더 무서웠기 때문입니다. 그는 자신이 심각한 죄를 짓고 있었음을 깨달았습니다. 주님의 말씀에 순종하는 성례전에 참여하는 것은 부끄럽게 여기면서, 오만한 악마들의 신성모독적인 의식에 참여하는 것은 전혀 수치스럽게 여기지 않았던 것입니다. 그들의 교만을 그도 흉내 냈고, 그들의 의식을 그도 몸에 익혔습니다. 이제 그는 과감히 자신의 공허와 진리를 향한 수치심을 직면하였습니다.

심플리키아누스는 내게 말하기를, 빅토리누스가 갑자기, 정말로 예기치 않게, 이런 말을 했다고 했습니다. "교회로 가세. 그리스도인이 되고 싶어." 둘은 기쁨에 넘쳐 교회로 갔습니다. 빅토리누스는 첫 번째 성례전에 참석하고 세례 지원자가 되었습니다. 세례를 받고 새사람이 되기로 하였습니다. 로마 전체가 발칵 뒤집혔습니다. 교회는 기뻐했습니다. 교만한 이들은 그를 보고 분노했습니다. 그들은 이를 갈면서, 그가 속한 교제모임에서 뿔뿔이 흩어졌습니다. 하지만 이 순간에도 주 하나님은 주님 종의 유일한 희망이 되셨습니다. 그리하여 그는 그들의 공허한 삶과 광기 어린 거짓말에 더 이상 신경을 쓰지 않게 되었습니다.

로마에서는, 주님의 은총의 성례전에 참여할 세례 지원자들은 높은 단 위에 올라가 온 교회 앞에서 신앙고백을 암송해야만 했습니다. 마침내 빅토리누스가 신앙고백을 할 차례가 되었을 때, 교회의 장로들은 신앙을 은밀히 고백하길 원하느냐고 물었습니다. 이것은 대중들이 모인 곳에서 말하는 걸 두려워하는 사람들을 위해 허용된 제도였습니다. 하지만 그는 성도들이 모두 지켜보는 데서 자신의 구원을 고백하는 쪽을 선택했습니다. 대중들에게 수사학을 가르친 그였고, 수사학보다는 구원고백이 훨씬 더 중요한 것이었기 때문입니다. 그는 주님의 말씀을 공언할 때, 주님의 유순한 양떼 앞에서 전혀 두려움을 느끼지 않을 것이었습니다. 지금까지도 광기 어린 군중들 앞에서 자신의 말을 전하는 걸 두려워하지 않았기 때문입니다.

 이 유명한 인물이 신앙고백을 하기 위해 모습을 나타내자, 모두가 그를 알아보았고, 이 특별한 순간을 함께 하기 위해 서로들 그의 이름을 속삭였습니다. 이 사람이 누구인지 모르는 이가 어디 있었겠습니까? 기쁨에 찬 군중들의 입에서 그를 알아봤다는 웅성거림이 낮게 퍼져 나갔습니다.

 빅토리누스! 빅토리누스! 그를 알아본 사람들이 갑자기 환호성을 질렀습니다.

 그리고는 그의 말을 듣기 위해 모두가 침묵을 지켰습니다.

 그는 너무나도 용감하게 진실한 신앙을 공언했습니다. 그리

고 모두가 그를 진심으로 받아들여 줄 것을 소망했습니다. 그들은 사랑의 기쁨이 넘치는 마음으로 그를 받아들였습니다. 그를 교우로 맞아들이기 위해 두 팔을 벌렸습니다.

오, 선하신 하나님, 나는 그 이야기를 들으면서 궁금해졌습니다. 아무도 예상치 못했던 사람, 또는 신을 믿지 않고 유난히 위험한 삶을 살아온 사람의 구원을 보고 저희가 그토록 즐거워하는 것은, 저희 안에서 무슨 일이 벌어지기 때문입니까? 이미 그리스도께로 갈 것이라 예상했던 사람, 또는 덜 위험한 삶을 살아온 사람의 구원보다 더 기뻐하는 것은 무엇 때문입니까?

아마도 여기에는 무슨 이유가 있을 것입니다. 주님은 자비로운 아버지로서, 회개할 필요가 없는 아흔아홉 명의 의인들보다 회개하는 죄인 한 사람을 더 기뻐하십니다. 저희는 주님의 기쁜 목소리를 듣습니다. 그것은 잃어버렸던 양 한 마리를 되찾아 어깨에 메고 돌아오는 목자의 음성과도 같습니다(누가복음 15장 4-6절 참고). 또 소중한 동전을 되찾아 주님의 보물창고에 다시 두었을 때, 그 잃어버린 동전을 발견한 여인과 함께 이웃들이 얼마나 기뻐했는가를 저희는 듣습니다(누가복음 15장 8-9절 참고). 그 순간 주님의 집에는 성대한 축제의 기쁨이 흘러넘쳐 모든 눈물을 씻어 줍니다. 죽었다가 살아난, 잃었다가 되찾은 둘째 아들의 이야기를 읽을 때에도 마찬가지입니다.

그것은 바로 주님이 저희 안에서, 그리고 정화된 사랑으로 거룩해진 천사들, 주님의 거룩한 천사들 안에서 기뻐하시기 때문입니다.

주님은 언제나 동일하십니다.

생명 있는 모든 것들은 오래 가지 못하고, 언제까지나 동일하지도 못합니다.

그러나 주님은 늘 똑같은 방식으로 아십니다.

그러면 영혼 안에서는 무슨 일이 벌어지는 것입니까? 사랑하는 것을 계속 갖고 있었을 때보다, 잃어버렸다가 다시 찾거나 회복했을 때 좀 더 기쁜 이유는 무엇입니까? 예, 그것은 영원한 진리의 증거입니다. 우리의 경험은 그런 증거들로 가득 차 있습니다. 그 증거들이 외칩니다. "이것은 숨겨진 실재와도 같다."

정복자는 승리의 나팔을 붑니다.

맞서 싸우지 않았다면 정복하지도 않았을 것입니다.

전투가 위험하면 위험할수록, 그 승리는 달콤합니다.

폭풍우가 난파의 위험 속에서 선원들을 동요시킵니다.

모두가 죽음이 닥칠 것처럼 공포에 떱니다.

그러다가 하늘과 바다가 잠잠해집니다.

선원들은 아까 느꼈던 두려움보다도 훨씬 큰 기쁨을 느낍니다.

한 친구가 아픕니다. 너무도 연약해서 맥박이 점점 희미해집니다.

그의 회복을 고대하던 사람들이 모두 그를 걱정합니다.

그러다가 그가 살아납니다.

아직은 예전처럼 힘차게 걸을 수 없습니다.

하지만 그가 늘 건강하고 힘차게 걸어 다녔을 때보다 기쁨은 훨씬 큽니다.

  그렇습니다. 어려움을 극복하고 얻은 삶의 기쁨은 이루 형언할 수가 없습니다. 우리의 의지와는 상관없이, 아무런 이유도 없이 위기가 닥쳤을 때나, 쾌락을 추구하려고 불행의 길을 선택한 결과 위기가 닥쳤을 때나, 모두 마찬가지입니다. 굶주림과 목마름의 시련을 겪어 보지 않은 사람은 먹고 마시는 것을 특별히 기뻐하지 않습니다. 술을 좋아하는 사람들은 열기와 갈증의 고통을 자아내기 위해서 술을 마시기 전에 먼저 짠 고기를 먹습니다. 그렇게 하면 술을 마셨을 때 갈증이 확 풀리면서 훨씬 더 즐거워집니다. 약혼한 신부가 곧바로 신랑에게 가지 못하게 하는 관습도 역시 마찬가지입니다. 이렇게 하면 신랑의 갈망이 더 커져서, 남편이 되고 난 뒤에라도 그토록 고대했던 신부를 업신여기지 않게 됩니다.

  고통이 클수록 더 큰 기쁨이 따르게 되어 있습니다. 이런 법칙은 더럽고 가증스러운 요술이든, 적절하고 합법적인 기쁨이든, 언제나 성립됩니다. 가장 순수한 우정 관계에서도 역시 마찬가지입니다. 죽었다가 살아난, 잃었다가 되찾은 사람과의 관계에서도 마찬가집니다.

  오, 나의 주 하나님, 이것이 무엇을 의미합니까? 주님은 주님 안에서 끊임없이 기뻐하시며, 주님 안에서 기뻐하는 것들로 영원히 둘러싸여 있습니다. 흥망성쇠의 궁극적인 목적은 무엇입니까? 노여움과 화해가 번갈아 일어나는 것은 무엇 때문입니까? 이것이 주어진 운명입니까? 이것이 주님이 우리를 위해 세워두신 계획의 일부입니까? 가장 높은 하늘로부터 가장 낮은 땅에 이르기까지, 세상의 시작으로부터 시간의 종말에 이르기까지, 천사로부터 벌레에 이르기까지, 처음 동작으로부터 마지막 동작에 이르기까지, 주님은 저마다에게 시간과 장소를 정해 주셨습니다. 저마다에게 선을 베풀어 주셨습니다.

아, 주님은 높은 이들 가운데서도 얼마나 높으신 분입니까? 주님의 깊고도 깊은 추리는 얼마나 깊습니까? 주님은 결코 떠나지 않으시고, 저희는 주님께 결코 돌아가지 않습니다.

그러니 주님, 일으켜 주옵소서. 저희를 깨워 주옵소서.

저희를 소생시켜 주옵소서. 저희에게 불을 붙이시고, 이끌어 주옵소서.

저희를 불태워, 더더욱 달게 하옵소서.

이제는 저희가 사랑하게 하옵소서. 달려가게 하옵소서.

빅토리누스보다 더 앞이 안 보이는 지옥에 빠졌던 이들이 속속들이 주님께로 돌아오지 않습니까? 그들이 주님께로 다가와 깨닫게 하옵소서. 주님은 그들이 받는 빛에 불을 붙이시고, 주님의 아들이 되는 권세를 주십니다.

제 12 장

모니카의 죽음

제 12 장
모니카의 죽음

　오, 나의 하나님, 내가 침묵하고 있는 무수한 일들에 대하여, 나의 고백과 감사를 받아 주옵소서.
　그래도 주님의 여종에 관한 이야기는 빠뜨리지 않겠습니다. 어머니는 내가 이 일시적인 빛에 태어날 수 있도록 내 몸을 낳아준 분입니다. 그리고 내가 영원한 빛에 태어날 수 있도록 나의 정신도 낳아 주었습니다. 이제 내가 말하려는 것은 다름이 아니라 주님이 어머니에게 주신 은사에 관한 것입니다. 어머니는 스스로 만들어지거나 교육을 받은 게 결코 아닙니다. 주님이 어머니를 만드셨습니다. 외조부모님은 어떤 자녀가 태어날지 전혀 몰랐습니다. 주님의 그리스도께서 지니신 왕권이 한 그리스도교 가정에서 어머니에게 주님에 대한 경외를 가르치고 주님의 독생자에 대한 교육을 시키셨으며, 주님의 교회의 일원이 되게 하셨습니다.

그렇게 훌륭한 교육을 받은 것에 관해서, 어머니는 외할머니의 본보기보다는 오히려 늙은 하녀 이야기를 더 많이 들려주었습니다. 그 하녀는 외할아버지가 어렸을 때, 마치 누나가 동생을 업고 다니듯이, 외할아버지를 업고 다녔습니다. 게다가 나이도 많고 지혜로웠으므로, 이 그리스도교 가정의 주인들에게 칭찬을 많이 받았습니다. 주인집 딸들을 책임지게 된 하녀는 그들을 부지런히 양육했고, 경건하고 엄격한 교육이 필요할 경우엔 그들을 진심으로 통제하였습니다. 그녀는 주인집 딸들을 엄숙하고 신중하게 가르쳤습니다. 부모님의 식탁에서 식사를 하도록 정해진 시간 말고는, 아무리 목이 말라도 물 한 컵 못 마시게 했습니다. 그것은 나쁜 습관에 물들지 않도록 하기 위함이었습니다. 그녀는 다음과 같이 충고했습니다. "지금은 포도주를 가까이 하지 않기 때문에 물만 마시지만, 나중에 결혼을 해서 저장실과 찬장을 맡은 안주인이 되고 나면, 늘 곧바로 갈증을 풀던 습관 때문에 물을 깔보고 다른 음료를 찾게 될 거예요." 이런 식의 교육과 자신이 지닌 권위로, 그녀는 그들을 어린 시절의 탐욕으로부터 지켜 주었고, 갈증까지도 훌륭히 절제할 수 있도록 만들었습니다. 해야 할 일과 해서는 안 되는 일을 그들 스스로 판단할 수 있게 훈련시켰던 것입니다.

후에 어머니가 내게 털어놓은 바에 따르면, 이런 훈련에도 불구하고 주님의 여종은 포도주를 점점 더 사랑하게 되었습니다. 건전한 아가씨로 교육 받은 어머니가 식품저장실에서 포도주를 꺼내오는 게 그들 가족의 풍습이었습니다. 어머니는 술독 아래 큰 포도주병을 대고 포도주를 따르기 전에 우선 혀끝으로 살짝 맛을 보곤 했습니다. 양심상 더 많이 마실 수는 없었지요. 어머니는 술에 대한 욕망이 아니라, 넘치는 젊음으로 그냥 맛을 본 것뿐이었습니다. 하지만 젊은 날의 향락은 연장자들이 위엄 있게 계속 점검하지 않을 경우 도저히 수습할 수 없게 되고 맙니다. 그런 식으로 날마다 조금씩 양이 늘게 되었습니다. 작은 것을 보지 못하고 놓치는 사람은 아주 서서히 빠져들게 되어 있습니다. 결국 어머니는 작은 잔에 포도주를 가득 따라 마실 정도로 탐욕적인 습관에 빠져 버리고 말았습니다.

그 신중한 늙은 하녀와 그녀의 착실한 가르침은 어떻게 된 겁니까? 주님이 치유의 손길로 우리를 두루 지키시지 않는다면, 그 무엇이 은밀한 병에 효능이 있겠습니까? 아버지도 없고, 어머니도 없고, 통치자도 없었을 때, 오직 우리를 창조하고 부르신 주님만이 계셨습니다. 주님은 우리 영혼의 구원이라는 역사를 펼치시기 위해, 우리 위에 놓인 이들을 사용하십니다.

오, 나의 하나님, 그 때 주님은 어떻게 하셨습니까? 어떻게 어머니를 고치셨습니까? 어떻게 치료하셨습니까? 주님은 다른 사람의 신랄한 비웃음을 은밀한 수술도구로 이용하셨습니다. 단 한 번의 손놀림으로 주님은 종기를 절개하고 더러운 고름을 모두 빼내셨습니다. 종종 저장실에 함께 내려가곤 했던 하녀 하나가 어린 여주인과 말다툼을 하게 된 것입니다. 단 둘이 있게 되자, 그 하녀는 어린 여주인의 잘못을 비웃었습니다. 그녀가 생각해낼 수 있는 가장 지독한 모욕은 바로 술주정꾼이라고 부르는 것이었습니다. 그 비웃음 소리를 들은 어머니는 자신의 잘못이 얼마나 큰가를 깨달았고, 그 즉시 그런 습관을 저주하고 끊어 버렸습니다.

아첨하는 친구는 타락시키는 반면, 질책하는 원수는 악습을 바로잡는 법입니다. 하지만 주님은 사악한 의도를 이용하여 좋은 일을 하신다 할지라도, 그 사악한 의도를 반드시 벌하시는 분입니다. 그 어린 하녀는 어린 여주인의 잘못을 고쳐주는 게 아니라 오히려 상처를 주고 싶었습니다. 단 둘이 있을 때 기분 나쁜 말을 던진 것은, 마침 그곳에서 말다툼이 벌어진 것도 있지만, 사실은 어린 여주인의 술 마시는 습관에 대해 좀 더 일찍 고하지 않았다고 혼나게 될까봐 두려웠기 때문입니다. 하지만 주님, 천지만물의 통치자여, 주님은 목적을 이루기 위해 가장 깊은 물살의 방향도 바꾸시는 분입니다. 주님은 혼란스러운 시간의 흐름을 통제하셔서, 그 병약함을 고쳐 주시는 분입니다. 이것은 분명 주님이 하시는 일입니다. 그 누구도 자신의 힘만으로는 좋은 결과를 얻을 수 없습니다. 준행하는 이는 반드시 주님의 치료를 받아들여야 합니다. 그래야 변화된 영혼이 인간의 충고로 그리 되었다는 생각을 아무도 하지 않을 것입니다.

겸손하고 건전하게 자라난 어머니는, 부모님 때문에 주님께 순종하게 된 것이 아니라, 주님 때문에 부모님께 순종하게 되었습니다. 그리고 혼기가 차자 남편에게 보내졌고, 자기 남편을 주님처럼 섬겼습니다. 어머니는 남편을 주님께로 인도하기 위해 최선을 다했습니다. 설득의 말과 상냥하고 공손한 태도, 그리고 남편의 존경을 받는 자신의 다른 특성들을 총동원하여, 주님에 관해 전달하였습니다. 어머니는 신앙이 없는 남편의 공격을 모두 견뎌냈고, 그런 것들 때문에 남편과 다투지 않았습니다.

어머니는 남편이 주님에 대한 신앙을 통하여 순결해질 수 있도록, 주님의 자비가 임하시길 간구했습니다. 남편은 무척이나 열정적인 사람이었습니다. 감정적이고 다혈질적이었습니다. 어머니는 남편이 화를 내더라도 말과 행동으로 순종하도록 배운 분이었습니다. 화가 가라앉고 난 후 어머니의 말에 귀를 기울이게 될 때에야 비로소 남편이 경솔하게 저지른 행동을 설명하고 방어했습니다.

다른 아내들은 좀 더 온화한 남편과 살면서도, 공개적으로 얼굴에 적의를 드러내놓고 다니거나, 남편의 생활에 대해 가족들에게 불평을 늘어놓았습니다. 어머니는 그런 불평을 들을 때마다, 혀를 잘 단속하라고 이르곤 했습니다. 그리고는, 결혼 서약을 듣는 그 순간부터 아내는 결혼 계약서를 종의 고용 계약서와 마찬가지로 여겨야 한다는 해학적인 명언을 빌어, 그들에게 진지한 조언을 해주었습니다. 자신이 종이라는 사실을 염두에 두고, 주인을 거슬러서는 안 된다는 것이었습니다.

어머니가 얼마나 까다로운 남편을 견뎌내고 있는지 잘 알던 사람들은, 남편에게 맞거나 부부차별 같은 부당한 대우를 받았을 때조차 단 한 번도 학대에 관한 소문을 퍼뜨리지 않는 것에 대해 무척 신기해했습니다. 사람들은 어머니가 어째서 그런 잘못을 참고 견디는지 비밀을 가르쳐 달라고 했습니다. 바로 이 때 어머니는 종의 고용 계약서에 관한 이야기를 하였습니다. 어머니의 조언을 받아들인 아내들은 좋은 것을 얻고 고마워했습니다. 하지만 어머니의 충고를 이해하지도 따르지도 못한 아내들은 계속해서 괴로움을 겪었습니다.

처음에 어머니의 시어머니는 사악한 하녀들의 속삭임에 귀를 기울였고, 결혼 문제로 인해 어머니를 심하게 비난했습니다. 그러나 모니카의 끈덕진 인내와 온순함, 그리고 그 모든 것을 알게 된 이후, 시어머니의 노여움은 수그러들었습니다. 시어머니는 자기 며느리에 대해 험담을 하고 다니는 하녀를 찾아냈습니다. 그리고는 자기 아들에게 며느리와의 관계를 이간질하려고 드는 사람은 누구든지 벌을 내리라고 일렀습니다. 아들은 어머니의 지시에 따라 가족 내의 질서와 조화를 유지했고, 거짓말을 퍼뜨리고 다니는 사람은 채찍질로 다스렸습니다. 어머니는 며느리에 관한 험담으로 자신의 환심을 사려고 애쓰는 사람이 다시는 생기지 않아야 한다고 일렀습니다. 그 후로는 아무도 감히 그런 짓을 하려고 들지 않았고, 두 여인은 너무나도 사이좋게 잘 지냈습니다.

오, 자비하신 하나님, 주님은 태중에 나를 잉태하도록 허락하신 주님의 선한 여종에게, 반목 중에 있는 사람들을 중재할 수 있는 은사도 부어 주셨습니다. 심각하게 논쟁 중인 두 사람이 부풀려지고 정리되지 않은 결말을 공개적으로 내뱉는다거나, 옆에 있는 친구에게 그 자리에 없는 원수에 관하여 불쾌한 이야기를 조잡하게 속삭일 때에도, 어머니는 모두 귀담아 들어 주었습니다. 그리고 화해를 도모하기 위한 경우 외에는 단 한 번도 이쪽 이야기를 저쪽에 옮기지 않았습니다.

이런 신중함은 내가 보기에도 무척이나 훌륭해 보였습니다. 하지만 슬프게도 나는 끔찍한 전염병에 걸린 사람들을 무수히 많이 알고 있었습니다. 그런 사람들은 화가 난 사람에게서 서로에 관해 상처가 되는 말들을 듣고 그대로 옮길 뿐만 아니라, 실제로 듣지도 않은 이야기까지 보태서 퍼뜨립니다. 좋은 말로 불을 끌 수 있는 방법을 모색하지는 못할망정, 오히려 자극적인 말을 보태어 악을 조장하거나 증대시키는 일은 피해야 합니다. 그것이 진정 인간답고 이성적인 행동입니다. 어머니는 마음의 학교에서, 최고의 영적 지도자인 주님으로부터, 중재를 배웠습니다.

마침내 이 훌륭한 아내는 자기 남편이 세상을 뜰 무렵, 그를 주님께로 인도하였습니다. 남편이 신자가 되기 전에 겪었던 문제들은 이제 다시 일어나지 않았습니다. 어머니는 또한 주님의 종들의 종이었습니다. 어머니를 아는 주님의 종들은 누구나 어머니로 인하여 주님을 훨씬 더 찬미하고 경배하고 사랑했습니다. 그들은 어머니와 주님의 거룩한 우정의 열매를 목격하였으며, 어머니 마음속에 주님이 계심을 확신하였습니다. 어머니는 한 남자의 아내였고, 부모를 공경했으며, 가정을 경건하게 다스렸습니다. 그리고 선한 행위로 인해 널리 알려졌습니다. 어머니는 산고를 겪은 후 자녀들을 길렀고, 그들이 주님을 벗어날 때마다 또다시 해산의 고통을 겪었습니다. 오, 주님, 끝으로 어머니는 주님의 종인 우리 모두를 마치 친자식처럼 돌보아 주었습니다. 그리고 주님의 세례의 은총 가운데 함께 모여 살았던 우리를, 어머니는 마치 친딸처럼 평생토록 섬겼습니다.

어머니가 세상을 떠날 날이 다 되어갈 무렵, (주님은 그 날을 알고 계셨지만 우리는 몰랐습니다), 나는 어머니와 단둘이, 우리가 살고 있던 오스티아의 집 정원이 들여다보이는 어떤 창문에 기대어 서있었습니다. 나는 주님이 이 순간을 비밀스런 방법으로 미리 준비해 두셨으리라 믿습니다. 그곳은 사람들의 소음이 전혀 들리지 않았습니다. 우리는 긴 여행을 마친 후 휴식을 취하고 있었습니다.

우리 둘은 매우 다정하게 이야기를 나눴습니다. 뒤에 있는 것은 잊어버리고, 앞만을 바라보면서 말입니다(빌립보서 3장 13절 참고). 우리는 진리 앞에서 성도들이 어떤 삶을 살아야 하는지 물었습니다. 그런 것은 눈으로도 보지 못하고, 귀로도 듣지 못하고, 사람의 마음에도 떠오르지 않는 것이었습니다(고린도전서 2장 9절; 이사야 64장 4절 참고). 하지만 우리는 주님의 샘, 생명의 샘에서 흘러나오는 하늘 샘물에 대한 갈증으로 마음의 입이 바싹바싹 탔습니다. 우리는 저 높은 신비를 더 잘 이해하고 헤아릴 수 있도록 가르침을 받고 싶었습니다.

마침내 우리의 대화는 절정에 이르렀습니다. 가장 순수한 물질적 빛에 비추어볼 때 아무리 고귀한 세상 감각의 기쁨일지라도 영생의 향기로움에는 비할 수 없다는 결론에 도달했습니다. 우리는 창조의 실재를 향해 점점 달아오르는 애정 때문에 솟아올랐습니다. 그러다가 차츰 온갖 물질적 존재들을 넘어, 해와 달과 별들이 땅을 비추는 바로 그 하늘까지 올라갔습니다. 우리는 내면의 묵상 가운데 더 높이 날아올랐습니다. 그리고는 주님의 모든 작품들을 생각하고 찬미하였습니다.

우리는 정신 속의 경이로움으로 들어갔습니다. 그리고 그곳을 지나, 변함없이 풍부한 지역에 도착하였습니다.

그곳에서 주님은 이스라엘에게 진리의 양식을 영원히 먹이고 계십니다.

거기에서는 이 모든 것들, "이제껏 있어왔던" 것들과 "앞으로 있을" 것들을 만드신 지혜가 곧 생명입니다.

지혜는 만들어지는 게 아니라, 단지 있으며, 이제껏 있어왔던 것처럼, 앞으로도 있을 것입니다.

지혜는 "이제껏 있어왔던" 상태나 "앞으로 있을" 상태가 아닙니다.

이 지혜는 그저 "있습니다." 영원하기 때문입니다.

"이제껏 있어왔던" 것이나 "앞으로 있을" 것은 영원하지 않습니다.

우리는 영원한 지혜에 관하여 생각하고 그것을 갈망하는 동안, 온 마음으로 노력을 기울인 끝에 지혜를 약간 접하게 되었습니다. 놀라움으로 탄식이 흘러나왔습니다. 그곳에 우리는 성령의 첫 번째 열매를 남겨두었습니다. 그리고는 우리 입술의 언어적 표현으로 다시금 돌아왔습니다. 말에는 시작과 끝이 있기 때문입니다(고린도전서 13장 9-12절 참고).

우리 주님, 주님의 말씀과 같은 것이 또 어디 있겠습니까? 주님의 말씀은 그분 안에서 견뎌내며, 낡지도 않으시고, 모든 것을 새롭게 만들어 주십니다(요한계시록 21장 5절 참고).

그 때 우리는 이런 대화를 나눴습니다:

만일 육체의 흥분이 잠잠해진다면,

흙과 물과 공기의 형상이 잠잠해진다면,

천체의 극이 잠잠해진다면,

영혼조차도 잠잠해진다면,

온갖 꿈과 환상의 계시도 잠잠해진다면,

모든 혀와 탄식이 잠잠해진다면, 그리고 모든 것이 변화 속에서만 존재한다면 — 그 침묵 속에서 이 모든 것들이 이렇게 말할 것이다. "우리는 스스로 만들어진 게 아니다. 영원히 살아계시는 그분께서 우리를 만드셨다."

이렇게 말한 후, 그 모든 것들은 자기를 창조하신 그분께 우리 귀를 열어주고서 또다시 침묵할 것이다. 그 뒤에는 오직 그분만 말씀하실 것이다. 그것들을 통해서가 아니라 직접, 우리가 그분의 말씀을 들을 수 있도록. 그분의 음성은 어떤 육체의 혀를 통하지도 않고, 천사의 목소리를 통하지도 않고, 천둥소리나, 비유나 애매모호한 수수께끼를 통하지도 않을 것이다. 우리는 이것들 안에서 우리가 사랑하는 유일하신 분의 음성을 들을 수 있을 것이다. 이것들 없이도 그분 자신의 음성을 듣게 될 것이다(우리 두 사람이 지금 지친 상태에서, 즉각적으로, 그 어디에나 거하시는 영원한 지혜를 접한 것처럼).

이렇게 계속 볼 수 있다면, 저급하고 상이한 다른 환상들이 모두 그친다면, 그리하여 이 내적인 기쁨 속에서 지켜보는 사람을 황홀하게 하고, 몰두시키고, 열중하게 한다면, 삶은 지금 우리가 사모하는 그 이해의 순간처럼 영원해질 것이다.

이것이야말로 "와서 주인과 함께 기쁨을 누려라"라는 말씀의 궁극적인 의미 아니겠는가?(마태복음 25장 21절 참고)

그러면 그때가 언제일까?

언제쯤 우리 모두가 다시 올라갈 수 있을까? 모두 변화되지는 않더라도(고린도전서 15장 51절 참고).

정확하게 그대로 옮길 수는 없지만, 그 날 우리는 이런 식의 대화를 나눴습니다. 주님, 우리가 이런 얘기를 주고받을 때 세상의 기쁨은 경멸스러운 것이 되고 말았다는 사실을 주님은 아십니다. 어머니는 이렇게 말했습니다. "아들아, 이제 나로서는 이 세상 어떤 것도 기쁨이 없구나. 내가 무엇을 하게 될지, 얼마나 더 오래 여기에 머물지, 나는 모른단다. 이 세상에서 바라던 소망은 이제 다 이루어졌어. 살아있는 동안 정말로 보고 싶은 게 하나 있었지. 그것은 바로 네가 그리스도인이 되는 것이었단다. 그런데 내 하나님께서는 훨씬 더 아낌없이 부어 주셨어. 네가 세상의 행복을 멸시하고 그분의 종이 된 걸 보았잖니? 그러니 내가 여기에서 더 이상 할 일이 뭐가 있겠니?"

이 말에 내가 뭐라고 대답했는지는 기억이 나지 않습니다. 그로부터 닷새도 채 안 되어 어머니는 열병으로 쓰러졌습니다. 병중에 있던 어느 날, 어머니는 그만 의식을 잃고 잠시 혼수상태에 빠졌습니다. 우리가 서둘러 곁으로 가보니, 의식을 되찾은 어머니가 곁에 선 형과 나를 보며 물었습니다. "여기가 어디냐?" 그리고는 슬픔에 가득 찬 우리를 가만히 들여다보더니, 이렇게 말했습니다. "이 어미를 여기에 묻어라."

나는 아무 말도 못하고 눈물만 삼켰습니다. 그런데 형이 이 낯선 곳보다는 어머니의 고향 땅으로 가는 게 더 좋겠다고 얘기했습니다. 그런 걸 중요하게 여기는 아들 때문에 괴로워진 어머니는 걱정이 가득 담긴 질책의 눈빛으로 아들을 바라보았습니다. 그리고는 내게 말했습니다. "네 형이 말하는 것 좀 들어봐라." 어머니는 곧 우리 둘 다에게 이렇게 말했습니다. "이 육체는 어디에든 묻어라. 그런 건 전혀 신경 쓰지 마라. 내가 바라는 건 단 하나, 너희가 어디에 있든지, 주님의 제단에 있는 나를 기억하라는 거야." 이 말을 가까스로 마친 어머니는 입을 다물었습니다. 너무 아파서 지쳐버린 것입니다.

보이지 않으시는 하나님, 주님의 신실한 종들 마음에 은사를 내려 주시고 거기에서 놀라운 열매가 나게 하시니, 정말 기쁘고 감사합니다. 내가 기억하기로, 예전에 어머니는 어디에 묻힐 것인가에 무척이나 신경을 썼습니다. 남편의 묘 옆에 나란히 묻힐 수 있도록 준비하고 있었습니다. 이 땅에서 훌륭히 조화를 이루며 살았기에, 저 세상의 행복에도 이것을 보태고 싶어 했습니다. 인간의 정신은 영원한 것들을 거의 포용할 수가 없으므로, 어머니는 바다 건너 순례를 떠나온 뒤에도 이 세상에서 함께 지냈던 남편과 같은 땅 아래 묻혔다는 것을 사람들이 기억해 주길 바랐던 것입니다.

　어머니의 마음이 언제부터 주님의 완전한 선을 통해 이런 허망한 것을 버리기 시작했는지는 모르겠습니다. 다만 기쁘고 즐거웠을 뿐입니다. 우리가 창문에 기대어 이야기를 나눴던 날, "내가 더 이상 여기에서 할 일이 뭐가 있겠니?"라고 물었을 때, 분명 어머니는 고향 땅에서 죽기를 바라는 것 같아 보이지 않았습니다. 나중에 들은 바에 의하면, 우리가 오스티아에 있을 때, 어머니가 내 친구 몇 명에게 이 세상에 대한 멸시와 죽음의 축복에 관하여 확신을 갖고 얘기한 적이 있었다고 합니다. 주님이 이 여인에게 주신 엄청난 용기를 보고 내 친구들은 놀라움을 금치 못했습니다. 그래서 고향으로부터 이토록 멀리 떠나와서 죽는 게 두렵지도 않느냐고 물었습니다.

　그러자 어머니는 이렇게 대답했다고 합니다. "하나님께는 아무 것도 멀리 있지 않단다. 그러니, 세상 끝 날에 그분이 내가 어디 있는지 몰라서 위로 올리시지 못할까봐 걱정할 필요가 뭐 있겠니?"

　병에 걸린 지 아흐레 째 되는 날, 그러니까 어머니가 쉰여섯이고 내가 서른셋이던 해에, 정직하고 거룩한 영혼은 육신으로부터 자유를 얻었습니다. 그럼에도 불구하고, 어머니 눈을 감겨

드리자니 엄청난 슬픔이 밀려왔습니다. 감정이 북받쳐 올랐습니다. 그 감정의 격렬한 지시에 내 눈이 응답하였습니다. 바싹 말라버린 샘도 가득 채울 수 있을 만한 물이 흘러넘치려 했습니다. 나는 갈등에 휩싸였습니다. 어머니가 마지막 숨을 내쉬었을 때, 아데오다투스라는 소년이 큰 소리로 통곡을 하였습니다. 그러다가 우리 모두가 말려서 통곡을 멈췄고, 그 후로는 조용해졌습니다. 내 마음 속에서도 그런 아이다운 감정이 치밀어 오르는 것을 느꼈습니다. 내 마음 속 젊은 울음소리는 눈물의 방출을 원했습니다. 하지만 스스로 멈추고 침묵을 지켰습니다. 우리는 이 장례식을 눈물의 탄식과 곡하는 소리로 치르는 것이 적절치 않다고 생각했습니다. 그것은 죽은 사람들에 대한 슬픔을 표현하는 일반적인 풍습입니다. 한 사람의 완전한 죽음이 불행이라고 여기기 때문입니다. 하지만 어머니는 죽음으로써 불행해진 것도 아니고, 완전히 죽은 것도 아니었습니다. 우리가 이렇게 믿는 데는 충분한 이유가 있었습니다. 어머니가 생전에 했던 말들과 신실한 믿음을 포함해서 말입니다.

그러면 어째서 그토록 내 맘을 어지럽히는 고통이 느껴졌던 겁니까? 나는 어머니와 함께 최고로 달콤하고 즐거운 생활을 하고 있다가, 그러한 생활방식이 갑자기 변하는 바람에 그만 새로운 상처를 입고 말았던 것입니다. 마지막 병상에서 어머니가 내 행동에 대해 친밀한 평을 해주고 나를 "착실한" 아들이라고 불러 주었을 때, 나는 그런 어머니의 증언에 기쁨을 느꼈습니다. 어머니는 사랑이 가득한 음성으로, 평생토록 내가 어머니께 대항하여 거친 말이나 비난하는 말을 들은 적이 없노라고 말했습니다. 하지만, 오, 저희를 지으신 하나님, 내가 어머니를 존경한 것과 어머니가 나에게 굴종한 것을 어떻게 비교할 수 있겠습니까? 어머니가 내게 준 그 큰 위로를 상실해 버린 탓에, 내 영혼은 상처를 입고 말았습니다. 어머니의 삶과 내 삶이 하나였기에, 내 삶은 갈기갈기 찢어지고 말았습니다.

아데오다투스의 울음소리가 잦아들자, 에보디우스가 시편을 들고 찬송을 시작했습니다. "주님, 주님의 인자와 공의를 찬송하렵니다"(시편 101편 참고). 온 집안사람들이 함께 찬양하였습니다. 우리의 찬송소리를 들은 신도들도 거기에 동참했습니다. 그 중에는 장례식을 위해 시체를 처리하는 게 직업인 사람들도 있었습니다.

나를 혼자 두지 않으려는 사람들과 함께 집 한 켠에서 적당한 화제를 찾아 대화를 나눴습니다. 진리의 치료제가 오직 나 혼자만 알고 있던 고통을 가라앉혀 주었습니다. 사람들은 내가 슬퍼하지 않는다고 생각했습니다. 하지만 아무도 듣지 못하는 곳에서, 나는 주님 귀에만 들리도록 내 연약한 감정들을 꾸짖고, 밀려드는 슬픔을 억제했습니다. 슬픔은 조금 가라앉았다가 다시금 밀물처럼 밀려들곤 했습니다. 물론 눈물을 흘리거나 얼굴에 슬픈 기색을 드러낼 정도로 압도적인 것은 아니었습니다. 내 마음이 주저앉고 있다는 것을 나 혼자만 알았습니다. 이런 인간적인 감정들이 나를 지배하는 걸 보고 있자니 아주 불쾌했습니다. 죽음은 우리 인간의 자연적인 조건에 따라 어차피 겪어야 할 필연적인 순서인데 말입니다.

내가 느끼던 슬픔 위에 새로운 느낌이 더해졌습니다. 나는 이중적인 슬픔 때문에 더더욱 가슴이 찢어졌습니다.

시신이 무덤으로 옮겨졌습니다. 우리는 눈물을 흘리지 않고 무덤까지 따라갔습니다. 나는 울지 않았습니다. 어머니를 위해 속죄 제물을 드리고 주님께 기도를 올릴 때에도 울지 않았으며, 이곳의 풍습에 따라 시체를 완전히 묻기 전에 묘 한 쪽에 내려 두고 기도를 드릴 때에도 울지 않았습니다. 하지만 하루 종일 나 혼자만 아는 슬픔이 나를 꼼짝 못하게 휘감고 있었습니다. 괴로운 심정으로 나는 이 슬픔을 치유해 주시라고 기도했습니다. 하지만 주님은 그러지 않으셨습니다. 아마도 주님은 온갖 습관의 속박이 이토록 질기다는 사실을 내 기억 속에 단단히 심어주시려 했던 것 같습니다.

아무래도 목욕을 하는 것이 좋을 것 같았습니다. 목욕은 정신으로부터 슬픔을 몰아낸다는 의미의 라틴어에서 비롯된 발네움이라는 이름을 갖고 있다고 들은 적이 있었기 때문입니다. 고아들의 아버지여, 주님의 자비 앞에 고백하건대, 목욕을 하고 난 뒤에도 나는 그대로였습니다. 슬픔의 고통을 내 마음에서 몰아낼 수가 없었습니다. 그러나 잠을 자고 나서는 슬픔이 많이 수그러들었음을 깨달았습니다. 침대에 누워 혼자 생각에 잠겨 있는 동안, 나는 암브로시우스의 진실한 시 한 편을 떠올렸습니다.

주님은 만물의 창조주,
높은 것들을 통치하시는 주시니,
낮에게 빛을 입히시고,
밤에게 단잠을 주셨으며,
저희의 수족에게는
새로워질 수 있는 투쟁의 힘을 주시고,
처지고 위축된 저희 마음은 다시 일어서서,
슬픔을 이겨내게 하셨습니다.

아주 조금씩 나는 주님의 여종과, 그녀가 주님께 드렸던 거룩한 찬양과, 우리를 향한 그녀의 거룩한 온유와 경의에 관한 생각들을 되찾았습니다. 이런 것들을 너무나도 갑자기 빼앗겨 버렸던 것입니다. 이제는 주님 앞에서, 어머니와 나를 위해 울고 싶은 마음이 들었습니다. 급기야는 이제까지 꾹 참아왔던 눈물을 터뜨리고 말았습니다. 눈물에 내 마음을 기대었고, 드디어 내 마음은 평안을 얻었습니다. 그것은 내 눈물을 경멸스럽게 해석할지도 모르는 사람들이 아니라, 바로 주님이 지켜보고 있었기 때문입니다. 주님, 이 글을 쓰면서 나는 고백합니다. 이 글을 읽는 사람은 모두 자기 마음대로 해석할 것입니다. 내가 기껏 한 시간 정도 어머니를 위해 흘린 눈물 속에서 누군가가 죄를 발견한다고 해도, 그가 부디 나를 꾸짖지 않게 하옵소서. 내 눈 앞에서 죽은 이 어머니는 수많은 세월 동안 나를 위해, 내가 주님 앞에서 살 수 있도록 눈물을 흘린 분입니다. 누군가가 나에게 큰 사랑을 품고 있다면, 주님의 그리스도의 모든 형제들의 아버지여, 주님께 저지른 내 모든 죄를 위해 그가 눈물을 흘리게 하옵소서.

하지만, 비난 받을 만한 이 세상의 감정처럼 보였을지 몰라도, 내가 주님의 여종을 위하여 흘린 눈물은 전혀 다른 종류의 눈물이었습니다. 그것은 비록 육체에서 풀려나기 전에 그리스도 안에서 되살아나 신앙과 고백을 위해 주님의 이름을 찬미했다 할지라도 결국은 아담 안에서 죽게 될 모든 영혼들의 위기를 생각하면서 흘리는 눈물이었습니다. 세례를 통해 주님이 어머니를 다시 나게 하신 그 순간부터, 어머니 입에서는 단 한 마디도 주님의 명령을 거스르는 "말이 튀어나오지 않았습니다. 하지만 주님의 아들, 진리가 이렇게 말씀하셨습니다. 자기 형제나 자매를 보고 바보라고 하는 사람은, 누구든지 지옥 불 속에 던짐을 받을 것이다"(마태복음 5장 22절 참고). 칭송 받을 만한 삶을 사는 사람이라도 자비를 실천하지 않는다면 화를 당할 것입니다. 주님은 우리의 삶을 지켜보고 계십니다. 하지만 주님은 죄를 따지는 데 인자한 분이기에, 우리는 주님과 함께 거하게 될 것을 자신 있게 소망합니다. 주님 앞에서 자신의 진짜 장점을 열거하는 자라도, 사실은 주님이 그에게 주신 은사를 세는 것에 불과합니다.

오, 그들은 자신이 인간에 불과하다는 사실을 알게 될 것입니다. 그리고 자신의 영광은 곧 주님 안에서 영광스러운 것임을 깨닫게 될 것입니다.

오, 나의 찬미, 나의 생명, 내 마음의 하나님이여, 어머니의 선한 행동들에 대해서 기쁨으로 감사를 드립니다. 그리고 이제는 그것들을 잠시 밀쳐두고, 어머니의 죄를 위하여 주님께 간구하오니, 저희의 상처와 함께 나무에 달리신 분의 치료제로 내 간구를 들어 주옵소서. 그분은 이제 주님의 우편에 앉아서, 저희를 위해 주님께 간구하고 계십니다. 어머니가 자비롭게 행동했고, 자기에게 죄 지은 이들을 마음으로 용서했다는 것을 나는 잘 압니다. 그러면 어머니가 세례를 받은 후 그 오랜 세월 동안 혹여 주님께 죄 지은 것이 있을 경우, 주님도 어머니의 죄를 용서해 주실 겁니까? 주님, 부디 어머니를 용서해 주옵소서. 내가 주님께 간구합니다. 어머니를 심판하지 마옵소서. 주님의 자비가 주님의 정의보다 높이 있게 하옵소서. 주님의 말씀은 참되시며, 주님은 이미 자비로운 이들에게 자비를 베풀겠노라고 약속하셨습니다. 주님은 긍휼히 여기실 사람을 긍휼히 여기시고, 불쌍히 여기실 사람을 불쌍히 여기시는 분입니다.

그리고 나는 주님이 이미 나의 간구를 들어 주셨음을 믿습니다. 오, 주님, 그래도 내가 자유의지로 드리는 내 입의 제사를 받아 주옵소서. 죽음의 날이 임박했을 때, 어머니는 시체를 화려하게 친친 감는다든가 향기를 채운다든가 하는 것을 전혀 생각지 않았습니다. 값비싼 기념비도 원치 않았고, 고향 땅에 묻히지 못하는 것도 전혀 신경 쓰지 않았습니다. 어머니가 원한 것은 딱 한 가지, 하루도 빠짐없이 섬겼던 주님의 제단에서 어머니의 이름을 기념하는 것이었습니다. 저희에게 불리한 조문들이 들어 있는 빚 문서를 지워버릴 거룩한 제사가 그곳에서 드려질 것을 어머니는 잘 알고 있었습니다.

　어머니는 적과 싸워 이겼습니다. 그 적은 우리의 죄를 모두 끌어 모아 책임을 뒤집어씌우려 했지만 아무 것도 찾아내지 못했습니다. 우리가 승리를 거둔 것은 어디까지나 그분 안에 있었기 때문입니다. 그 누가 그분의 무고한 피를 그분께 되돌려 드리겠습니까? 그 누가 그분이 우리를 속량하기 위해 치르신 것을 그분께 갚아드리겠습니까?

　주님의 여종은 믿음의 띠로 자기 영혼을 우리의 속죄 제사에 묶었습니다. 그 누구도 어머니를 주님의 보호에서 떼어내지 못하게 하옵소서. 그 어떤 사자나 독사도 힘이나 속임수로 끼어들지 못하게 하옵소서. 어머니는 간교한 고발자에게 사로잡히지 않는 한, 절대로 죄가 없다고 대답할 분이 아닙니다. 오히려 어머니는 그분으로 말미암아 자신의 죄를 용서받았다고, 그분이 아무런 죄도 없이 우리를 위해 치르신 것을 그 누구도 갚을 수 없다고 대답할 것입니다.

　그러니 이제는 어머니가 남편과 함께 평안히 쉴 수 있게 하옵소서. 결혼 전이나 후나 어머니에게 남자는 오직 한 사람뿐이었습니다. 그 남편에게 인내로 순종했고, 결국은 그를 주님께로 인도하는 열매를 맺었습니다.

　오, 주님, 주님의 종들, 나의 형제들을 감화시켜 주옵소서. 그들은 주님의 아들이고, 나의 스승이며, 내가 입으로, 마음으로, 펜으로 섬기고 있는 이들입니다. 주님의 제단에서 이 고백록을 읽는 자마다, 주님의 여종 모니카와 그녀의 남편 파트리키우스를 기억하게 하옵소서. 그들의 몸을 통하여 주님이 나를 이 세상에 내보내셨습니다. 주님의 제단에서 이 고백록을 읽는 자마다, 독실한 애정을 가지고 나의 부모를 기억하게 하옵소서. 이 덧없는 빛 속에서는 나의 부모요, 교회 안에서는 우리 아버지 주님에게 속한 나의 형제요, 출애굽 이후 주님의 순례자들이 갈망해온 영원한 예루살렘 안에서는 나의 동료 시민인 부모님을 기억하게 하옵소서. 어머니가 내게 마지막으로 당부하셨던 것이, 내 기도보다는 이 고백록을 통해 이루어지게 하옵소서. 수많은 사람들의 기도를 통해 어머니의 당부가 좀 더 풍성히 이루어지게 하옵소서.

제 13 장

기억에 관하여

제 13 장
기억에 관하여

　오, 주님, 나를 알고 계시는 주님을 내가 알게 될 것입니다. 주님이 나를 아신 것과 같이, 내가 온전히 알게 될 것입니다. 내 영혼의 힘이여, 내 영혼에 들어오셔서 주님께 맞추시고, 흠과 티가 없는 내 영혼을 붙들어 주옵소서. 이것이 내 소망입니다. 그래서 주님께 아룁니다. 이 소망 가운데 내가 기뻐합니다. 선하게 기뻐합니다. 세상이 잃어버려도 눈물을 흘리지 않을만한 것들을 나는 더더욱 슬퍼합니다. 세상이 얻기 위해 좀 더 우는 것을 나는 덜 중요하게 여깁니다. 보옵소서. 주님은 진리를 사랑하시는 분입니다. 그러므로 진리를 행하는 이는 빛 가운데로 나옵니다.

　주님 앞에서 고백하는 이 순간, 진리를 내 마음 속에 품겠습니다. 수많은 증인들 앞에서 내가 진리만을 기록하겠습니다.

　내 속을 치유하시는 주님이, 내가 진리를 섬김으로 거둘 수 있는 열매를 분명히 보여 주십니다. 주님이 이미 오래 전에 용서하고 덮어 주신 과거의 죄를 내가 기억하고 고백합니다. 주님이 내 영혼을 신앙과 주님의 성례전으로 변화시켜, 주님 안에서 복을 받게 해주셨음을 고백합니다. 내 과거의 죄들이 읽히고 전해질 때 마음을 감동시켜서, 영혼이 절망에 빠져 "난 안 돼"라고 말하지 않도록 해주십니다. 오히려 주님의 자비와 사랑 안에서, 주님의 향기로운 은총 안에서 영혼이 깨어납니다.

은총으로 말미암아 약한 이들이 자신의 나약함을 깨닫고 강해집니다.

은총으로 말미암아 선한 이들이 자기가 해방되기 전과 같은 과거의 죄를 듣고 기뻐합니다. 그들이 과거의 죄를 듣고 싶어 하는 것은, 결코 사악해서가 아닙니다. 예전에는 그랬지만 더 이상은 그렇지 않기 때문입니다.

오, 주님, 그러면 개인적인 무죄보다 주님의 자비를 소망하는 사람이 좀 더 신실한 것은 은총의 어떤 열매 때문입니까? 내 양심은 주님께 날마다 고백해야 합니다.

내가 이 글을 통해서, 주님 앞에 거하는 이들에게, 이전에는 아니었으나 이제는 그렇다고 고백하는 것은 어떤 결과 때문입니까?

나는 과거의 낡은 열매들을 바라보고 설명했습니다.

하지만 고백을 하는 바로 이 순간 나는 어떤 존재인가에 대해서, 누군가가 알고 싶어 할지도 모릅니다. 다른 사람들은 나로부터 듣거나 또는 나에 관해 듣게 되겠지만, 아마도 그들은 나를 잘 알았을 것입니다.

  내가 어떤 존재가 되었든지, 독자들의 귀는 이곳에서 귀를 기울이고 있는 나의 마음을 향해 열려 있지 않습니다. 어떤 이들은 내 안에 있는 것들을 고백하는 걸 듣고 싶어 할 것입니다. 하지만 그 누구도 눈으로 보거나, 귀로 듣거나, 이해할 수 없을 것입니다. 원한다고 해서, 그리고 준비되었다고 해서, 그 누가 마음을 알 수 있겠습니까? 이 고백록에서 내가 전혀 거짓말을 하지 않고 있다는 사실을, 내적인 선이 그들에게 일러줄 것입니다. 이 내적인 선은 나를 신뢰합니다. 하지만 무엇이 내 말들을 이루어 주겠습니까? 주님의 은사가 나를 어떤 식으로 주님께 인도했는지에 관하여 듣고서, 사람들이 나와 기쁨을 함께 나누겠습니까? 내 인간성의 무게가 내 영혼을 통제하고 있다는 말을 듣고, 그들이 나를 위해 기도하겠습니까?

  내가 이 질문들에 대답하겠습니다. 오, 나의 주 하나님, 저희로 인해 수많은 사람들이 주님께 감사를 드린다면, 그것은 결코 작은 성과가 아닙니다. 주님은 은혜롭게도 저희의 간구를 들어주셨습니다. 나를 바라보는 형제가, 사랑 받으리라고 주님이 말씀하신 내 안의 것들을 사랑하게 하옵소서. 슬퍼할 것이라고 주님이 말씀하신 내 안의 것들을, 그 형제가 슬퍼하게 하옵소서. 독자들의 눈이, 오직 허망한 말만을 원하는 이방인이나 낯선 이들의 눈이 아니라, 형제의 눈이 되게 하옵소서. 이방인이나 낯선 이들의 오른손은 죄의 손입니다. 하지만 형제의 마음은 칭찬 받을 일들을 나와 함께 기뻐하고, 징계 받을 일들을 나와 함께 슬퍼합니다. 칭찬을 받든 징계를 받든, 형제는 사랑합니다. 그런 사랑 앞에 나는 기꺼이 내적인 삶을 공개할 것입니다. 나를 사랑하는 이 형제들은 주님이 내 삶에 내려주신 선을 기뻐하고, 여전히 수많은 죄가 머물러 있는 나를 가엾게 여길 것입니다. 선한 것은 주님의 계획과 은사를 통해 주어졌고, 아직도 머물러 있는 죄는 주님의 심판을 통해 주어졌습니다. 선은 축하를 불러오게 하시고, 죄는 탄식을 불러오게 하옵소서. 그리고 둘 다 내 형제들의 마음으로부터, 주님이 계신 곳까지 찬양과 탄식을 올리게 하옵소서. 둘 다 주님께 드리는 향기로운 연기가 되게 하옵소서.

오, 주님, 주님의 거룩한 성전에서 저희가 피우는 향기를 기쁘게 받아 주옵소서. 주님의 위대하신 자비에 따라, 주님의 이름을 위하여, 저에게 자비를 베풀어 주옵소서. 주님이 내 안에서 시작하신 일들을 포기하지 마시고, 미완성인 채로 남은 것들을 계속해서 완성해 주옵소서.

이 모든 것이, 내가 누구였는가 보다는 내가 누구인가에 관한 고백의 결과여야 합니다. 나는 내 떨림과 은밀한 슬픔과 소망에 관한 이야기가 오로지 주님께 들려주기 위한 것이라고, 은근히 뽐내며 고백하지 않겠습니다. 이것은 믿는 자녀들 모두에게 들려주기 위한 것입니다. 그들이 나처럼 죽을 수밖에 없는 운명을 지니고 있듯이, 내 기쁨도 함께 나눌 수 있도록 말입니다. 나는 내 동료 시민들과 동료 순례자들을 위해, 나보다 먼저 주님께로 간 이들과, 나를 따라 주님께로 갈 이들 모두를 위해 고백합니다. 모두가 내 길의 동반자입니다. 이들은 주님의 종이며 나의 형제입니다 — 주님이 자녀로 삼길 원하셨던 이들입니다. 이들은 나의 스승입니다. 주님 안에 거하려면 그들을 섬기라고, 주님이 명령하셨기 때문입니다.

그분이 만일 주님의 가르침을 말로만 전해 주셨다면, 주님의 말씀도 나에게 아무런 의미가 없었을 것입니다.

하지만 그분은 내가 실천할 수 있도록 앞장서 가셨습니다.

나는 따라가기만 하면 됩니다.

나는 주님의 날개 아래서 주님의 행동과 말을 따라합니다.

그 길은 저에게 너무 위험할지도 모릅니다.

하지만 주님이 내 영혼을 주님의 날개 아래 잠잠히 품어 주셨습니다.

내가 얼마나 나약한지, 주님은 아십니다.

나는 어린 아이에 지나지 않습니다.

그러나 내 아버지는 영원히 사십니다.

내 보호자는 충분한 능력을 지니셨습니다.

나를 낳으신 분이 나를 지켜 주십니다.

주님은 나의 모든 선입니다. 내가 주님과 함께 있기 전에도, 주님은 나와 함께 계십니다. 그리고 주님이 나에게 섬기라고 명령하신 이들을 발견할 수 있도록, 나를 인도해 주실 것입니다.

그러므로 나의 고백은 과거에 내가 어떤 존재였는가가 아니라 지금 어떤 존재인가에 관한 것입니다. 나는 아직도 죄인입니다. 하지만 나 자신을 판단하지 않겠습니다.

이 고백을 주님이 들으실 것입니다.

주님, 주님이 나를 판단하십니다. 사람 속에 있는 사람의 영이 아니고서야, 누가 그 사람의 생각을 알 수 있겠습니까?(고린도전서 2장 11절 참고) 하지만 사람에게는 자신의 영조차 모르는 뭔가가 있습니다. 주님, 오직 주님만 사람의 전부를 아실 수 있습니다. 바로 주님이 사람을 지으셨기 때문입니다.

주님 앞에서 내가 자신을 멸시하고 먼지나 재로 여길지라도, 나 자신에 관한 것은 모르면서, 주님에 관하여는 조금 알고 있습니다. 정말이지 우리는 모든 것을 거울처럼 희미하게 봅니다. 아직은 얼굴을 직접 마주하고 서지 못합니다. 주님 곁을 잠시 떠나 있는 동안에, 나는 주님보다 나 자신과 더 많이 거합니다. 나는 주님이 모든 만물 속에 영원히 계심을 압니다. 하지만 내가 어떤 유혹은 극복해낼 수 있고 어떤 유혹에는 굴복하고 말 것인지, 그것은 확실치 않습니다. 그러므로 나는 소망합니다. 주님은 신실하신 분이며, 우리가 이겨낼 수 없는 시험은 허락하지 않으실 분이기 때문입니다. 주님은 시험을 허락하시되, 피할 길을 열어 주셔서 우리가 그 시험을 이겨낼 수 있게 해주십니다(고린도전서 10장 13절 참고).

그러므로 내가 나 자신에 관하여 아는 바대로 고백할 것입니다. 아니, 내가 모르는 것도 고백할 것입니다. 내가 깨달을 수 있는 것늘은 모두 주님이 빛을 비춰주신 것이기 때문입니다. 내가 모르는 것들은, 주님의 얼굴에서 대낮같이 밝은 빛이 비추어 내 어둠을 거두어 줄 때까지 밝혀지지 않을 것입니다.

주님, 아무런 의심도 없이, 확실한 의식을 가지고, 나는 주님을 사랑합니다. 주님의 말씀이 나를 찌르셨으며, 내가 주님을 사랑했습니다. 하늘과 땅, 그리고 그 안의 모든 것들이 사방에서 나를 부릅니다. 주님을 사랑하라고. 모두에게 주님을 사랑하라고 명하는 일을, 창조세계는 결코 그만두지 않습니다. 그들에게는 핑계거리가 없습니다(로마서 1장 20절 참고). 주님은 자비를 베푸실 자 위에 좀 더 많은 자비를 베푸실 것입니다. 불쌍히 여기실 이는 좀 더 불쌍히 여기실 것입니다. 하늘과 땅이 귀먹은 이들을 향해서까지도 주님을 찬미합니다.

하지만 내가 주님을 사랑할 때, 나는 과연 무엇을 사랑하는 것입니까?

육체의 아름다움도 아니고, 시간의 멋진 조화도 아닙니다.

빛의 밝음도 아닙니다.

여러 가지 노래의 아름다운 가락도 아닙니다.

꽃의 향기로운 냄새도 아니고, 화장품이나 향기도 아닙니다.

만나나 꿀도 아니고, 생생하고 즐거운 포옹도 아닙니다.

내 하나님을 사랑할 때, 나는 결코 이런 것들을 사랑하는 것이 아닙니다. 하지만 이 사랑도 일종의 빛과 가락과 향기와 음식과 포옹입니다. 내 하나님을 사랑할 때, 내 안의 사람이 빛과 가락과 향기와 음식과 포옹을 경험합니다. 사랑이 없는 내 영혼 속에, 사랑이 비칩니다. 시간이 흘러도 침묵 속으로 사라지지 않을 음성으로, 사랑이 이야기합니다. 사랑의 향기는 들이마신다고 사라지지 않으며, 사랑의 맛은 시간이 흘러도 변하지 않습니다.

사랑은 배어듭니다. 사랑의 만족은 경험과 나의 관계를 깨뜨리지 않습니다. 하나님을 사랑할 때, 내가 사랑하는 것이 바로 이것입니다.

그러면 내 애정의 대상인 이것은 무엇입니까?

내가 땅에게 묻자, 땅이 대답했습니다. "나는 그분이 아니야."

땅 위의 모든 것들도 똑같이 고백했습니다.

나는 바다와 깊음과 살아서 기어 다니는 것들에게 물었습니다.

그들이 대답했습니다. "우리는 네 하나님이 아니야. 우리 위를 쳐다봐."

내가 바람에게 물었습니다. 그러자 하늘에 거하는 것들이 대답했습니다. "아낙시메네스가 속은 거야. 우리는 하나님이 아니야."

나는 하늘과 해와 달과 별들에게 물었습니다.

그들이 대답했습니다. "아니, 우리는 네가 찾는 하나님이 아니야."

그래서 나는 내 육체의 문을 둘러싸고 있는 모든 만물에게 말했습니다. "너희들이 나를 내 하나님께로 부르면서, 너희들은 그분이 아니라고 고백하는구나. 그러니 그분에 관하여 말해봐라."

그러자 그것들이 큰 목소리로 외쳤습니다. "그분께서 우리를 창조하셨단다."

창조세계에 관한 묵상이 내 질문을 그치게 했습니다. 그 아름다움이 해답을 제시해 주었습니다.

그 뒤 나는 고개를 돌려 나 자신을 바라보았습니다. 그리고 물었습니다. "너는 누구냐?"

나는 대답했습니다. "사람이지. 더 자세히 봐. 그러면 영혼과 육체가 보일 거야. 영혼은 안에 있고, 육체는 바깥에 있어."

이것들을 가지고 내 하나님을 찾아야 한단 말입니까? 내 육체는 이미 땅에서부터 하늘까지, 최대한 멀리 전령을 보낼 수 있는 곳까지, 내 눈이 닿는 곳까지, 그분을 찾아 헤맸습니다.

하지만 내적인 존재가 더 잘 찾습니다. 바로 이 재판장에게, 온갖 물질적 전령들이 하늘과 땅과 그 안에 있는 것들로부터 "우리는 하나님이 아니야. 우리도 그분이 만드셨어."라는 말을 들었다고 보고했기 때문입니다.

내 안의 존재가 한 이 일들은 외부의 성직자도 압니다. 내 안의 나도 압니다? 나 곧 정신은 나 곧 육체로부터 배웠습니다.

나는 세상의 전체구조에게 내 하나님에 관하여 물었습니다. 그것은 이렇게 대답했습니다. "나는 그분이 아니야. 그분이 나를 만드셨어."

작용하는 감각을 지닌 사람이라면 누구나 다 이 물질적 설명이 명백한 것 아닙니까? 그렇다면 어째서 모두에게 똑같은 메시지가 전달되지 않는 겁니까? 크고 작은 동물들은 주변의 세상을 보기는 하지만, 물어볼 수는 없습니다. 자신의 감각이 보고하는 것들을 판단할 수 있도록 감각을 다스릴 만한 이성도 없습니다. 하지만 인간은 물어볼 수도 있고, 눈에 보이지 않는 하나님의 속성을 분명히 볼 수도 있습니다. 하나님이 만드신 것들을 통해 그분을 이해할 수 있습니다.

　우리가 세상에 종속되는 것은 창조주가 아니라 피조물을 사랑하기 때문입니다. 이렇게 종속된 이들은 판단할 수 없는 위치에 서게 됩니다. 피조물이 그런 질문에 대답하는 것은 오로지 분별 있는 이들에게 뿐입니다. 그들은 목소리도 바꾸지 않고, 모습도 바꾸지 않습니다. 한 사람은 그것들을 오직 보기만 하고, 다른 사람은 똑같은 것들을 보고 나서 질문까지 합니다. 똑같은 모습이 똑같은 목소리로 얘기하지만, 이 사람에게는 이렇게, 저 사람에게는 저렇게 전달됩니다. 한 사람에게는 아무 것도 들리지 않고, 다른 사람에게는 그것들의 말이 들립니다. 피조물들은 사실 모두에게 말을 하고 있습니다. 하지만 외부로부터 들려오는 그 목소리를 자기 안의 진리와 비교하는 사람만이 그 말을 이해할 수 있습니다.

　진리가 나에게 말합니다. "하늘도, 땅도, 그 어떤 육체도 네 하나님이 아니다." 그들의 본성은 그들을 지켜보고 계시는 그분과 대화합니다. "우리는 전체의 일부분에 지나지 않아. 우리의 존재는 한 부분일 뿐이지, 결코 전체가 아니야."

　오, 내 영혼아, 이제 내가 너에게 말한다. 너는 좀 더 나은 내 일부분이다. 내 몸뚱이를 다시 일으켜서, 그 안에 생명을 주려고 하기 때문이다. 하지만 피조물 가운데 그 어떤 것도 육체에 생명을 불어넣을 수는 없다. 네 생명의 생명이신 하나님은 네가 닿지 않는 곳에 계신다.

그렇다면 내가 내 하나님을 사랑할 때, 내가 사랑하는 것은 과연 무엇입니까?

내 영혼의 머리 위에 서계시는 그분은 누구입니까?

내 영혼을 통해서 내가 그분께로 올라가겠습니다.

내 몸에 묶여 있는 끈을 풀고 올라가겠습니다.

그러면 모두가 생명으로 가득 차게 될 것입니다.

하지만 그런 능력으로도 내 하나님을 찾을 수 없습니다. 말이나 노새에게 그분을 찾을 만한 이해력이 충분하지 않은 것과도 같습니다. 내 육체도 그런 것들과 별 차이 없는 능력을 지닌 채 살고 있습니다.

하지만 다른 능력이 하나 있습니다. 이것은 내 육체에게 생명을 주고 주님이 나를 위해 만들어 주신 몸에 감각을 부여하는 능력을 초월합니다. 이것은 눈에게 듣지 말라고 명령할 수도 있고, 귀에게 보지 말라고 명령할 수도 있습니다. 나는 이제 눈에게 활력을 주어 볼 수 있고, 귀에게 활력을 주어 들을 수 있는 능력을 지녔습니다. 다른 감각들도 마찬가지입니다. 각각의 감각은 나름대로 특별한 기능과 목적을 지니고 있습니다. 그것들이 모두 함께 다양한 정보를 제공하면, 나 곧 정신이 그 정보들을 처리하여 행동에 옮기는 것입니다.

나는 내가 지닌 이 능력을 초월하겠습니다. 이런 것은 말이나 노새도 지니고 있으며, 육체를 통해 인지하는 것이기 때문입니다.

그러므로 나는 내 본성의 능력을 초월하겠습니다. 나를 만드신 그분을 향해 점점 더 올라가겠습니다.

이제 나는 내 기억의 들판과 거대한 궁궐로 나아갑니다. 그곳에는 온갖 종류의 느낌들과 감각의 인식을 통해 수집된 수많은 형상들이 보물처럼 가득 쌓여 있습니다.

우리가 생각하는 것들 외에도, 기억 속에는 수집된 감각적 형상들의 산물이 저장되어 있습니다. 시간이 지나면서 어떤 형상들은 더 확대되었고, 어떤 형상들은 더 축소되었습니다. 감각적인 것들은, 따로 떼어놓을 정도로 중요하다고 판단되어온 다른 것들에 따라 변하게 됩니다. 이것들은 망각 속에 사라지거나 묻혀 버리지 않았습니다.

나는 창고로 들어갑니다. 거기에서 뭔가를 내놓으라고 요청합니다. 어떤 것은 즉시 나타납니다. 하지만 어떤 것은 오래 찾아봐야 합니다. 그런 것은 더 안쪽의 저장소에서 찾아야 합니다. 어떤 기억들은 떼 지어 나타납니다. 원하는 기억은 한 가지인데, 온갖 기억들이 줄줄이 서서 이렇게 묻습니다. "내가 혹시 주님이 찾고 있는 기억 아닙니까?" 이렇게 원치 않는 기억들은 내 정신의 강력한 손을 써서 다시금 저 깊은 곳으로 쫓아내야만 합니다. 그러면 마침내 내가 바라던 것이 나타납니다. 그 비밀 장소에서 모습을 드러냅니다.

어떤 기억들은 요청하자마자 금세 질서 있게 나타나기도 합니다. 앞에 있는 기억들이 뒤에 있는 기억들을 위해 길을 비켜 줍니다. 그것들은 눈에 보이지 않게 숨어서 길을 가지만, 내가 원할 땐 언제든지 나타날 준비가 되어 있습니다. 이 질서정연한 기억들은 내가 마음속으로 자주 되새기고 외웠던 것들과 관련이 있습니다. 그런 기억들은 범주별로 잘 정리되어 주의 깊게 관리되어왔습니다. 저마다 자신이 속한 길로 보내졌습니다. 어떤 것은 빛과 색, 형태와 관련이 있고, 눈에서 비롯됩니다. 또 어떤 것은 온갖 종류의 소리들이며, 귀에서 수집되었습니다. 냄새도 콧구멍으로부터 자신이 속한 기억의 길로 보내지고, 맛도 입으로부터 자신이 속한 기억의 길로 보내집니다. 온몸에서 비롯되는 촉각을 위한 장소도 따로 있습니다. 이것은 딱딱하거나 부드러운 것, 뜨겁거나 차가운 것, 매끄럽거나 울퉁불퉁한 것, 무겁거나 가벼운 것과 관련이 있습니다. 감각은 이것들이 몸 바깥에서 비롯된 것인지 몸 안쪽에서 비롯된 것인지 기록해 둡니다.

　이것은 커다란 기억 창고를 묘사한 것입니다. 그 안에는 은밀하고 뭐라 형언할 수 없는 모퉁이가 셀 수 없이 많습니다. 그곳에는 필요할 때마다 꺼낼 수 있도록 보관 중인 것들이 가득합니다. 각각 들어가는 문도 따로 정해져 있고, 두는 곳도 따로 있습니다. 하지만 그것들이 직접 들어가는 것은 아닙니다. 다만 생각을 회상할 수 있도록, 인식된 형상들이 들어가는 것입니다. 이 형상들을 그 누가 정말로 이해할 수 있겠습니까? 그것들이 어떻게 형성되었는지, 그 누가 이해하겠습니까? 명백한 것은 감각이 각각의 기억을 저장해 두었다는 것뿐입니다.

 내가 암흑과 침묵 가운데 살고 있을 때조차도, 내 기억 속에서는 내가 원하는 색깔을 만들어낼 수 있으며, 검은색과 흰색, 그리고 내가 원하는 다른 색들을 인식할 수 있습니다. 이런 일은 소리 없이 일어납니다. 시각적인 형상과는 별도로, 마치 소리는 그곳에서 잠자고 있는 것처럼, 내 눈 앞에 있는 형상을 회상하지 못하도록 내 맘을 딴 데로 돌리는 소리가 전혀 없이 말입니다. 하지만 이것도 내가 부르면 금방 나타납니다. 내 혀는 잠잠하고 내 목은 침묵하지만, 내가 원할 땐 언제든지 노래할 수 있습니다.

 그곳에 있는 이 색깔의 형상들도, 귀를 통해 들어온 소리들을 요구할 때에는, 절대로 끼어들어 방해하지 않습니다. 다른 감각들에 따라 쌓아 올려진 것들 역시 마찬가지입니다. 내 마음대로 회상할 수 있습니다. 이것을 이용하여, 나는 아무 냄새도 맡지 않고 있으면서, 바이올렛 꽃에서 백합꽃 향기를 맡을 수가 있습니다. 나는 단 포도주 맛보다는 벌꿀의 맛을 더 좋아합니다. 나는 매끄러운 게 뭔지 알고 있으며, 울퉁불퉁한 것보다는 매끄러운 것을 더 원합니다. 하지만, 그동안 내내 아무것도 맛보거나 만지지 않습니다. 그저 기억할 뿐입니다.

 생각은 내 안에서, 내 기억의 드넓은 궁전에서 생겨납니다. 내 정신 속에는 하늘과 땅과 바다와 내가 생각할 수 있는 모든 것들이 들어 있습니다. 내가 잊어버린 것들까지도 모두 거기에 숨어 있습니다. 나 자신을 만나기 위해서는 그곳으로 가야 합니다. 내가 어떤 사람인지, 무슨 일을 했는지, 그리고 언제 어디에서 어떤 감정을 느꼈는지 회상하려면 그곳으로 가야 합니다. 여기에서 나는 내가 기억하는 모든 것들을 찾을 수 있습니다. 나 자신의 경험도, 다른 사람들의 기억도 다 찾을 수 있습니다.

바로 그 저장소에서 나는 과거의 생각들을 새롭고 신선한 생각, 또는 비슷한 생각과 혼합할 수 있습니다. 예전의 경험들에다 새로운 경험을 더합니다. 예전에 믿었던 것들에다가 새로운 믿음을 더합니다. 그곳에서 나는 내 소망에 따라 미래의 행동과 사건을 추론할 수 있습니다. 지금 이 순간 곰곰이 생각해 보고, "이것을 해야지, 또는 저것을 해야지" 하고 결심을 하는 것입니다. 그 모든 것은 내 정신의 거대한 저장소에서 생겨납니다. 그곳은 매우 많은 형상들을 저장해두는 곳입니다. 나는 어떤 일 다음에는 "이것 또는 저것이 따라올" 것이라고 추론합니다. "오, 이것 또는 저것이 이루어지면 좋을 텐데!" 하고 소원을 말하기도 하고, "하나님, 이것 또는 저것이 일어나지 않도록 막아 주옵소서!" 하고 기도하기도 합니다. 그렇게 나 자신에게 이야기합니다. 내가 이렇게 말하면, 동일한 기억의 보고에서, 내가 말한 모든 형상들이 바로 나타납니다. 만일 기억의 형상들이 그곳에 없다면 절대로 그런 말을 할 수 없을 것입니다.

기억의 힘은 위대합니다. 오, 나의 하나님, 그 넓고 끝없는 방에 들어 있는 기억의 영향력은 참으로 큽니다. 그 누가 그 방의 밑바닥까지 조사해 보았겠습니까? 이것이 나의 능력입니까? 물론 이것은 내 본성의 일부입니다. 하지만 나 자신도 내 모든 것을 다 이해할 수는 없습니다.

결국 나는 내 정신이 너무도 좁아 내 정신조차도 다 품을 수 없다는 결론을 내려야만 합니다. 그러면 정신이 그 안에 품지 못한 부분은 무엇입니까? 정신 자체의 외부입니까? 아니면 숨겨진 내부입니까? 만일 그런 것이 있다면, 어째서 내가 이해할 수 없는 겁니까?

내가 주님께 놀라운 불가사의를 이야기하겠습니다. 놀람이 나를 엄습하여 이런 생각을 하게 만듭니다. 곧 사람은 높은 산과 바다의 큰 파도, 드넓은 강물의 흐름, 대양의 순회와 별들의 순행을 숭배하기 위하여 집밖으로 나갑니다. 그러면서도 정작 자기 안에서 발견된 경이는 무시해 버립니다. 그들은 내가 내 눈 앞에 없는 이 모든 것들에 관하여 이야기할 수 있다는 것을 경이롭게 여기지 않습니다. 내가 그것들을 경험한 것에 관하여 이야기할 수 있는 것은, 실제로 산과 큰 파도와 강과 별들을 본 적이 있기 때문입니다. 내가 존재한다고 믿는 바다가 존재합니다. 이 모든 것들은 내안의 기억 속에서 비롯됩니다. 나는 바깥에서 본 것과 똑같이 광활한 장소를 생생하게 마음에 그릴 수 있습니다. 지난 날 그런 것들을 보았을 때, 나는 그것들을 내 속으로 끌어들였습니다. 내 안에 그것들 자체를 담고 있을 필요는 없습니다. 그것들의 형상을 마음속에 담고 있으면 됩니다. 그리고 나는 그것들이 각각 어떤 육체적 감각에 따라 나에게 인상을 남겼는지 알고 있습니다.

하지만 내 기억은 엄청난 능력을 지닌 이것들보다도 좀 더 많은 것들을 유지하고 있습니다. 내 정신은 내가 잊어버리지 않은 온갖 인문과학 지식들을 기억하고 있습니다. 이것들은 좀 더 안쪽의 장소, 실제로는 물리적인 위치가 없는 곳으로 치워집니다. 이것들은 물질적 형상들로 환원되지도 않습니다. 나는 이 지식 조각들을 그대로 보관합니다.

    그러면 문학이나 논쟁기술은 무엇입니까? 얼마나 많은 종류의 질문들이 존재합니까? 그런 주제들에 관하여 내가 알고 있는 것들은 모두 내 기억 속에 존재합니다. 그것은 내가 사실들을 하나의 형상으로 환원한 것이 아니라, 원래 그대로 남겨둔 것입니다. 사실들이 소리를 만들어내고 난 다음 없어지는 게 아니라, 계속해서 그 소리가 귓가에 맴도는 것과 같습니다. 이것은 어떤 소리가 울려 퍼지길 멈춘 다음에 그것을 기억하는 것과는 다릅니다. 어떤 냄새가 공기 중으로 증발해 버려 더 이상 후각에 영향을 미치지 못하는 것과도 다릅니다. 그런 것들은 기억 속에 형상들을 전달합니다. 이 형상을 기억하는 가운데, 우리는 이것에 관한 경험을 회상할 수 있습니다. 마치 고기가 위로 들어가서 더 이상 맛이 안 느껴지는데도 기억이 그 맛을 붙잡고 즐거워하는 것과 같습니다. 촉각을 통해 몸이 지각하는 것도 마찬가지입니다. 대상이 사라지고 난 뒤에도 여전히 촉각의 기억이 우리를 움직입니다. 경험 그 자체가 기억 속으로 전달되는 것이 결코 아닙니다. 오직 그 형상만이 남아 있을 뿐입니다. 놀랍도록 달콤하게 받아들여진 다음, 경이로운 수납장에 저장됩니다. 그리고 기억이라는 행위가 놀랍게도 이것들을 만들어내는 것입니다.

하지만 모든 기억이 다 형상인 것은 아닙니다. 다음과 같은 세 가지의 질문이 내 귀에 들립니다. (1) 어떤 것이 실제로 존재하는가? (2) 그것은 무엇인가? (3) 그것은 어떤 종류인가? 나는 단어들이 구성하는 소리의 형상들을 붙잡습니다. 그리고 이 소리들이 소음과 함께 공기 중으로 사라져 버렸다는 것을 기억합니다.

그러면 그 소리들을 통해 전달된 생각은 어떻습니까? 나는 그것들을 내 몸의 감각을 통해 경험하지 않았습니다. 내 정신을 제외하면, 그것들을 한 번도 "본" 적이 없습니다. 이것들의 형상은 내 기억 속에 전혀 안 남아 있습니다. 생각에 불과하므로, 내 속에만 존재합니다. 그러면 그것들이 어떻게 내 속으로 들어왔을까요? 나는 내 육체의 길을 모두 다 지나왔지만, 그것들이 들어가는 길은 보지 못했습니다. 내 눈이 말합니다. "그 형상들이 만일 색깔이 있다면, 우리가 기록했을 거야." 내 귀가 말합니다. "만일 소리가 있다면, 우리가 그 지식을 통과시켰을 거야." 콧구멍도 말합니다. "만일 냄새가 있다면, 우리를 통과했을 거야." 혀도 말합니다. "이 생각들이 맛을 안 가지고 있다면, 나한테 묻지 마." 감촉도 말합니다. "만일 그게 부피가 없다면, 내가 처리하지 않았을 거야. 그리고 내가 처리한 게 아니라면, 그것에 관해 아무런 정보도 통과시키지 않았을 거야."

그러면 이것들은 도대체 어떻게, 어디에서 내 기억 속으로 들어온 것일까요? 나는 모릅니다. 그것들에 관해 알게 되었을 때,

다른 사람의 정신을 신뢰한 게 아니라, 내 정신 속에서 받아들였기 때문입니다. 나는 그것들이 진짜고 내 마음에 든다고 판단했으며, 언제라도 원할 때마다 꺼내올 수 있도록 쌓아두었습니다. 그 때 내 정신 속에는 그것들이 있었습니다. 내가 그것들에 관해 알기 훨씬 이전에도 있었습니다. 하지만 내 기억 속에는 그것들이 없었습니다. 만일 그것들이 이미 내 기억 속에 없었다면, 그것들을 듣는 순간, 어째서 그것들을 인정하고 "맞아, 이건 사실이야"라고 말했던 걸까요? 그렇다면, 그 사실들이 너무 깊은 곳에 버려져 있었기 때문에, 그 누구도 생각해 내거나 끌어내지 못했고, 나 역시 그 생각을 한 번도 눈치 채지 못한 것일지도 모릅니다.

따라서 우리는 감각적인 형상이 전혀 없는 것들도 우리 안에서 그것 자체를 인식함으로써 배워야 한다는 사실을 깨닫게 됩니다. 우리는 오로지 개념만을 받아들임으로써 형상이 없는 것을 있는 그대로 취해야 합니다.

기억이 임의로 수집하여 저장한 온갖 관련 사상들을 한 데 모을 때도 마찬가지입니다. 이것들은 어떤 계획이나 규칙에 따라 쌓아둔 게 아닙니다. 정신은 이 단편들을 모아 정리합니다. 그동안 알려지지 않은 채로 흩어져 무시당해 왔던 한 가지 기억과도 거의 같습니다. 이제야 정신이 그것들을 바라보고 그것들에 익숙해지기 시작합니다.

그런 생각들이 기억 속에 얼마나 많이 들어왔는지 생각해 보옵소서. 이것들은 모두 배웠던 것들이고, 이제는 언제라도 손에

닿을 곳에 정돈되어 있습니다. 이것들은 우리가 배웠다고 들은 것이고, 알게 될 것이라고 들은 것들입니다. 비록 잠깐만 지나면 그것들에 관해 더 이상 생각하지 않게 되겠지만요. 그것들은 묻혀 있습니다. 점점 더 깊이, 아주 깊은 곳까지 밀려들어갔습니다. 하지만 마치 새것처럼 다시 꺼낼 수 있습니다. 전혀 다른 방식으로 생각할 수 있습니다.

이 생각들은 정신이 아니라면 그 어디에도 머물 곳이 없습니다. 이것들은 알고 있을지도 모르는 것들을 다시 끌어 모아야 합니다. 말하자면 이것들은, 예전 모양 그대로, 분산 상태에서 다시 모아야 하는 것입니다.

바로 그래서 생각이라는 단어 cogitation이 생겨났습니다. cogo("나는 모은다")와 cogito("나는 생각한다 또는 다시 모은다")는, ago("나는 한다")와 agito("나는 계속해서 한다"), 또는 facio("나는 만든다")와 factito("나는 계속해서 만든다")랑 서로 같은 관계에 있습니다. 하지만 정신은 이 cogitation이라는 단어를 전유하게 되었습니다. "수집된" 것과 "다시 수집된" 것이 정신 속에서 한 데 모이는 것을 "생각하다" 또는 "숙고하다"라고 표현합니다.

기억은 또한 숫자와 차원으로 작업을 지배하는 셀 수 없이 많은 원칙과 법칙들을 포함합니다. 이것들 중 그 무엇도 신체적 감각으로 정신에 영향을 미치지 못합니다. 숫자는 색깔도 없고 소리도 없으며, 맛도 없고 냄새도 없습니다. 감촉도 없습니다. 나는 어디선가 이 규칙들을 설명하는 소리를 들은 적이 있습니다. 하지만 그 소리는 그것들이 의미하는 것과 다릅니다. 예를 들면, 그 소리는 라틴어보다도 그리스어일 때 훨씬 더 다릅니다. 하지만 그것들은 그리스어도 아니고 라틴어도 아니며, 다른 어떤 나라의 말도 아닙니다. 나는 가장 훌륭한 건축가들이 그린 선들이 마치 거미줄처럼 정확하고 좁게 쳐진 것을 보았습니다. 하지만 그 그림들은 아직 그 선들에 따라 묘사된 형상도 아니고 규칙도 아닙니다. 내 육체의 눈이 이것을 나에게 보여줍니다. 내 귀는 차이점을 압니다. 기하학적 법칙을 이해하는 사람이라면 누구나 다 그것들을 자기 안에 받아들일 줄 알게 됩니다.

또 나는 우리가 수를 세고 수학 계산을 할 때 숫자들을 인식했습니다. 수를 셀 수 있는 것들은 내 몸의 감각에 기록할 수 있습니다. 하지만 그것들을 세는 숫자는 아닙니다. 숫자는 셀 수 있는 것들과 다릅니다. 하나는 다른 하나의 형상을 전혀 포함하지 않습니다. 하지만 셀 수 있는 것이나 숫자나 둘 다 나름대로의 존재양식을 지니고 있습니다. 그것들은 존재합니다. 숫자가 보이지 않는다고 나를 비웃는 사람이, 이렇게 말하는 나를 더욱 더 비웃게 내버려 두옵소서.

그가 나를 비웃더라도, 나는 그를 불쌍하게 여길 것입니다.

내가 이 모든 것들을 기억합니다. 그리고 그것들을 어떻게 배웠는지도 기억합니다. 또한 나는 이 가르침에 대해 거짓 반박이 있었던 것도 기억합니다. 비록 그 이론들이 거짓일지라도, 내가 그것들을 기억한다는 것은 거짓이 아닙니다. 나는 또한 내가 진실과 거짓 반박을 분별했다는 사실도 기억합니다. 이것들에 대한 지금의 분별력이, 여러 가지 주장들에 대해 자주 생각하고 그것이 옳다고 판단했던 과거의 기억과는 다르다는 것도 압니다. 나는 과거의 이해와 분별력, 그리고 현재의 이해를 둘 다 기억합니다. 내가 지금 이해한다는 것을 나중에 기억할 수 있도록, 나는 현재의 생각을 기억 속에 넣습니다. 나중에 이 기억들을 다시 떠올릴 수 있도록, 내가 기억하고 있었다는 것을 기억합니다. 내가 지금 내 기억력을 통해 기억할 수 있었다는 사실을 나는 기억할 것입니다.

삶의 각 순간마다 내 마음 속에 있었던 감정들도 똑같은 기억을 떠올릴 수 있습니다. 하지만 내 기억은 이 감정들을 내 마음의 경험과는 다른 의미로 붙듭니다. 기억은 내 마음에 없는 힘, 감정에 대한 통제력을 지니고 있습니다. 그러기에 기억은 경험과 아주 다릅니다. 아무런 기쁨도 없이 나는 예전에 느꼈던 기쁨을 기억합니다. 새로운 슬픔이 없이 과거의 슬픔을 회상합니다. 두려움 없이 오래된 공포를 회고할 수 있으며, 새로운 욕망 없이 예전에 원했던 것을 기억할 수 있습니다. 어떤 기억들을 떠올릴 때, 나는 그때와 정반대되는 감정을 느끼기도 합니다. 오래된 슬픔을 기쁘게 기억하고, 예전에는 기쁜 일에 속했던 일들을 슬프게 여깁니다. 신체적 열정과 관련된 것일 경우, 이것은 전혀 놀라운 일이 아닙니다. 정신과 육체는 전혀 다르기 때문입니다. 과거의 신체적 고통에 관하여 내가 지금 행복하게 느낄 수 있다 해도 전혀 이상할 게 없습니다. 몸과 관련된 이 기억은 이제 이성과 연관되어 있습니다. 우리의 기억에게 어떤 일을 간직하라는 특별한 임무를 내리기로 작정할 경우, 우리는 이렇게 말합니다. "이것은 마음속에 꼭 간직해라." 그리고 뭔가 잊어버린 일을 회상하려고 노력할 때에는 이렇게 말합니다. "그것이 내 맘속에 들어오지 않았어," 또는 "그것이 내 맘에서 미끄러져 나갔어." 이런 식으로 우리는 자연스럽게 기억과 마음을 일치시킵니다.

그렇다면, 기쁨 가운데 과거의 슬픔을 떠올릴 경우, 어떻게 해서 기억은 여전히 슬픔 속에 머물러 있는데도 마음은 슬픔을 잃어버리고 기쁨을 경험하는 걸까요? 마음은 그 안의 기쁨에 영향을 받아서 기뻐하는 것입니다. 기억은 기억 속의 슬픔에 고정되어 있지만 슬프지는 않지요.

혹시 기억은 마음에 속하지 않는 게 아닐까요? 그렇다고 주장할 사람이 혹시 있습니까?

아닙니다. 기억은 본질적으로 마음의 위입니다. 기쁨과 슬픔은 단 음식, 쓴 음식과도 같습니다. 일단 기억에 저장되고 나면, 이 감정들은 위로 들어갑니다. 위는 가득 채울 수 있지만, 맛은 느끼지 못합니다. 얼마나 어리석은지, 기쁨과 슬픔의 기억들을 똑같이 취급합니다. 그 둘이 전혀 다를 게 없어지는 것입니다.

예를 하나 들어보겠습니다. 내 기억으로부터 나는 마음을 흔들 수 있는 감정 상태가 네 가지 — 욕망, 기쁨, 공포, 슬픔 — 존재한다는 지난날의 생각을 떠올립니다. 또 기억으로부터 나는 이것이 사실이 아니라는 논쟁도 떠올립니다. 나는 네 가지 감정을 하위 그룹으로 나누고 그것들을 재정의하려고 노력할 수 있습니다. 하지만 이 대안을 꺾어버린 이전의 추론을 금방 떠올립니다.

그렇게 해서 나는 이 마음 상태들을 인식할 수 있고, 그 영향력에 관해서도 생각할 수 있습니다. 마음이 그 감정 상태들의 영향을 전혀 받지 않은 채로, 이 영향력에 관하여 마음으로 추론할 수 있습니다. 나는 그것들을 떠올릴 수 있고, 그것들에 관하여 내가 아는 것들을 기억할 수 있으며, 그것들을 느꼈던 때를 회상할 수 있습니다. 그것들을 기억에서 불러내고 그것들에

관하여 생각했던 과거를 기억할 수 있습니다. 그것들은 회상에 따라 존재했습니다. 어쩌면 동물들이 위에서 음식을 토해내 되새김질거리로 다시 씹을 수 있는 것과 똑같은 방식으로 말입니다.

　이 마음 상태들은 기억으로부터 떠올립니다. 하지만 그것들은 다릅니다. 그런데 어떻게 논쟁자가 그것들을 만져보지도 않고 회상하고 거의 음미할 수 있는 겁니까? 마음은 심사숙고를 통해서 기쁨의 달콤함과 슬픔의 쓰라림을 느낍니까? 동물의 되새김질 비유는 두 가지 실재 사이에 차이점이 있기 때문에 별 효과가 없는 겁니까? 생각만 해도 슬퍼지거나 무서워진다면 그 누가 기꺼이 슬픔이나 공포처럼 힘겨운 생각들에 관하여 말하려 들겠습니까? 사실 우리는 기억 속에서 그런 경험들을 발견하지 못할 경우 그것들에 관하여 제대로 이야기할 수 없을 것입니다.

　기억은 신체감각에 따라 새겨진 형상에 따라서 이 상태들의 이름 소리를 저장하는 데 그치지 않습니다. 신체의 길에서는 절대로 받을 수 없는 바로 그것들의 실제적 개념이 존재합니다. 이것들은 마음이 그 자체의 열정에 따라 이 상태들을 경험했을 때 저장된, 가공된 생각입니다. 경험에 관한 관찰은 기억에 맡겨집니다. 또는 그 순간에 관한 기억이 유지됩니다. 하지만 기억은 느낌에 맡길 필요가 없습니다.

　이것들은 형상입니까, 아닙니까? 그 누가 쉽게 말할 수 있습니까? 내가 돌의 이름을 부릅니다. 해의 이름을 부릅니다. 그것들 자체는 내 감각에 존재하지 않지만, 그것들의 형상은 내 기억에 들어 있습니다. 내가 지금은 느끼지 않는 신체적 고통의 이름을 부릅니다. 전혀 아프지 않습니다. 하지만 고통의 형상이 내 기억에 존재하지 않는다면, 나는 그것에 관하여 뭐라고 말할지 몰라야 합니다. 이 고통을 기쁨과 어떻게 구별하는지, 논의할 수도 없어야 합니다. 나는 몸이 건강할 때 신체적 건강에 관하여 이야기합니다. 내가 지금 말하고 있는 것이 바로 내 곁에 있습니다.

하지만, 내가 신체적 건강 속에서 경험했던 것의 형상이 기억 속에 존재하지 않는다면, 그 개념이 의미하는 것을 오직 경험에 입각하여 정확하게 회상할 수 없을 것입니다. "건강"이 의미하는 것의 형상이 건강 그 자체가 몸에 존재하지 않을 때에도 기억의 힘에 따라 따라붙지 않는다면, 병자들은 결코 건강의 의미를 이야기할 수 없을 것입니다. 내가 숫자를 셀 수 있는 것은 그 형상이 아니라 우리가 세는 것에 따라서입니다. 단어 그 자체만이 내 기억 속에 남아 있는 의미를 지닙니다. 나는 해의 형상의 이름을 부르며, 형상은 내 기억 속에 존재합니다. 나는 그 형상의 형상을 회상하는 게 아닙니다. 형상 그 자체가 나에게 존재하는 것입니다. 나는 "기억"의 이름을 부릅니다. 그리고 내가 그 이름을 부르는 것을 인식합니다. 본질적으로 기억의 기억 속에서가 아니라면, 내가 어떻게 그것을 인식할 수 있을까요?

그것 자체가 아니라 그것의 형상 안에 그 자체가 존재할까요?

기억의 능력은 위대합니다. 그 힘은 무서울 정도며, 깊고 끝이 없어 보입니다. 여기에 정신이 있습니다. 나 자신이 무엇인가에 관한 견해가 있습니다.

오, 나의 하나님, 그러면 나는 무엇입니까? 나의 본질은 무엇입니까? 삶의 측면들은 다양하고, 셀 수 없이 많으며, 아주 어마어마합니다. 기억의 뜰과 동굴을 그저 탐험만 해보더라도, 기억은 셀 수 없이 많으며, 셀 수 없이 많은 종류들로 엄청나게 가득 차 있습니다. 기억은 형상과 존재로 채워져 있습니다. 그것들 자체는 기억에 남는 예술행위와도 같이 존재하거나, 또는 마음이 느꼈던 감정의 경우, 어떤 생각이나 인상으로 환원되어 존재하기도 합니다. 마음이 더 이상 느끼지 않을지라도 기억은 유지됩니다. 하지만 기억 속에 있는 것은 뭐든지 마음속에 있습니다. 마음은 생각을 불러올 수 있으며, 관련 기억들을 모두 떠올릴 수 있습니다. 마음은 기억을 통해 날 수도 있고 이 길로 뛰어들 수도 있습니다. 이룰 수 있는 일에는 결코 끝이 없습니다. 그만큼 기억의 힘은 위대하며, 죽을 수밖에 없는 인간의 삶 속에서도 생명의 힘은 위대합니다.

오, 나의 진실한 생명이여, 그러면 내가 어떻게 해야 합니까? 내가 기억이라고 불리는 이 정신의 능력을 초월하겠습니다. 오, 달콤한 빛이여, 주님께 도달하기 위하여 이것을 뛰어넘겠습니다. 주님이 저에게 무슨 말을 해야 합니까? 내 위에 계시는 주님께 도달하기 위해, 내가 내 정신을 넘어 올라갑니다. 이제 나는 기억이라고 불리는 이 정신의 능력을 넘어설 것입니다. 주님에게 도착하고 싶어서입니다. 주님을 찾고 매달릴 수 있는 곳이 어디든 간에, 나는 주님께 매달릴 것입니다. 주님은 동물과 새들까지도 기억을 갖도록 하셨습니다. 그렇지 않다면 그것들이 어떻게 자기 굴과 둥지로 돌아올 수 있겠습니까? 수많은 활동들을 어떻게 지속해 나갈 수 있겠습니까? 기억이 없었다면 그 어떤 활동에도 익숙해지지 못했을 것입니다.

그러므로 나는 기억도 뛰어넘겠습니다. 네 발 달린 짐승들과 구별하여 나를 만드시고, 공중의 새보다 더 영리하게 만들어 주신 그분께 도달하기 위해서입니다. 내가 주님을 찾기 위해 기억을 뛰어넘겠습니다. 주님은 진실로 선하시며 너무나도 친절하신 분입니다. 내가 어디에서 주님을 찾아야 합니까? 내 기억이 전혀 없이 주님을 찾지만, 여전히 내 기억 속에 주님을 모셔 둡니다. 만일 내가 주님을 기억하지 못한다면, 어떻게 주님을 찾을 수 있겠습니까?

소중한 동전을 잃어버렸던 여인이 등불을 가지고 그 동전을 찾았습니다. 만일 그 동전을 기억하지 않았다면 결코 되찾지 못했을 것입니다(누가복음 15장 8-9절 참고). 그것을 찾았을 때, 만일 기억이 없었다면, 그것이 자기가 잃어버린 동전인지 어떻게 알았겠습니까? 나도 잃어버린 물건을 찾다가 발견한 일이 여러 차례 있습니다. 그러므로 나는 뭔가를 찾을 때, 물건들을 보고 "이것인가?" "저것이 내가 찾고 있던 것인가?" 하고 자문한다는 것을 잘 압니다. 내 마음은 내가 찾던 바로 그것을 발견할 때까지, 찾아낸 물건들이 내가 찾던 게 아니라고 계속 이야기할 것입니다. 만일 내가 문제의 그 특별한 물건을 기억하지 못한다면, 그것이 저에게 주어진다 할지라도 결코 발견하지 못할 것입니다. 그것을 결코 인식할 수 없을 것입니다.

우리가 잃어버린 물건을 찾다가 발견할 때도 마찬가지입니다. 어쩌다 눈앞에서 사라진 것은 기억에서 잃어버린 것이 아닙니다. 그 형상은 마치 눈에 보이는 육체의 형상처럼 존재합니다. 형상은 시각으로 저장될 때까지 내부에 남아 있으며 언제든지 찾을 수 있습니다. 그것을 찾으면 그 안에 보관된 형상과 비교하여 인식하게 됩니다. 우리가 그것을 인식하지 않는 한, 잃어버린 것을 발견했다고 말할 수도 없습니다. 그것을 기억하지 않는 한 인식할 수 없습니다. 눈앞에서 사라진 것이 기억 속에 머물러 있지 않는 한, 그것을 기억할 수도 없을 것입니다.

하지만 기억 그 자체가 형상을 잃을 경우는 어떻습니까? 그럴 경우 우리는 우리 정신이 한 번 더 형상을 만들어 낼 수 있도록 그것 자체를 추구해야만 합니다. 하지만 기억 자체가 아니라면 도대체 어디에서 그것을 추구한단 말입니까? 우리는 원하는 것 대신 다른 것이 제공된다 하더라도, 찾고 있던 것이 나타날 때까지 다른 것들을 모두 거절할 수 있을 정도로 충분한 형상을 기억 속에 지니고 있습니다. 그것을 찾으면 우리는 이렇게 말할 것입니다. "바로 이것이다." 만일 우리가 그것을 인식하지 못한다면 결코 그렇게 할 수 없을 것입니다. 만일 우리가 그것에 대한 기억을 유지하고 있지 않다면 결코 그것을 인식할 수 없을 것입니다.

물론 우리는 그것을 잊어버렸습니다. 하지만 통째로 빠져나간 것은 아닙니다. 우리가 아직 보유하고 있는 부분을 토대로 하여 잃어버린 부분을 찾았습니까? 그것을 느꼈던 기억은 우리에게 필요한 형상을 모두 지니고 있는 게 아닙니다. 기억은 장애가 생겼음을, 잃어버린 부분을 회복할 때까지 예전의 기억 작업을 완수할 수 없음을 느꼈습니다. 예를 들어, 우리가 만일 알고 있는 것을 보거나 생각하더라도 그 이름을 떠올릴 수 없다면, 어떻게 해서든지 기억해 내기 위해 노력할 것입니다. 우리는 정신을 통해 이름을 찾습니다. 하지만 그것 자체와는 아무런 관계도 없습니다. 정신은 올바른 이름이 아니라는 것을 알 정도로 충분한 기억을 품고 있습니다. 이름은 낯익은 대상에 속하지 않고 거부를 당하기 때문입니다. 알고 있는 그 대상에게 딱 맞는 이름이 존재합니다. 그 이름과 관계는 기억 자체에서 비롯됩니다. 비록 어느 누군가가 우리에게 상기시켜 줄 때까지 우리가 그 이름을 인식하지 못한다 할지라도, 우리가 그 대상에게 딱 맞는 이름을 알고 있다는 사실은 기억에서 비롯됩니다. 우리는 그 이름을 듣고, 그것이 새로운 요소라고 받아들이지 않습니다. 그것은 일전에 인식했던 사실이며, 우리는 그것이 정확한 이름이라는 것을 압니다. 그것이 우리 정신에서 완전히 소멸된다면, 결코 그것을 기억할 수 없을 것입니다. 우리는 잊어버렸다고 기억하고 있는 것을 아직 완전히 잊어버린 게 아닙니다. 완전히 잊어버릴 경우에는, 결코 잃어버린 것을 찾아낼 수 없습니다.

오, 주님, 그러면 내가 어떻게 주님을 찾습니까?
내 하나님, 내가 주님을 찾는 것은 행복한 삶을 찾는 것입니다.
내 영혼을 살리기 위해 주님을 찾습니다.
내 육체는 내 영혼에 따라 살고 있습니다.
그리고 내 영혼은 주님에 따라 살고 있습니다.
그러면 내가 어떻게 행복한 삶을 찾을 수 있습니까? "이제 충분하다"고 말할 수 있을 때까지, 지금은 전혀 안 가지고 있는 행복한 삶을 어떻게 찾을 수 있습니까?
도대체 어떻게 그것을 찾을 수 있습니까?
잊어버렸던 것처럼 기억해 냄으로써 찾습니까?
잊어버렸던 것을 기억해 냄으로써 과연 찾을 수 있습니까?
이제까지 몰랐던 것에 관해 배우고 싶어 함으로써 찾습니까?
그것은 내가 정말로 몰랐기 때문에 모르고 있는 것입니까?
아니면 완전히 잊어버렸기 때문에 모르고 있는 것입니까?
나는 그것을 잊어버렸다는 사실까지 기억하지 못하는 것입니까?
모든 사람이 다 행복한 삶을 원하지 않습니까?
진정으로 그것을 원하지 않는 사람이 어디 있겠습니까?
행복한 삶이라는 개념이 어떤 것인가에 관한 기억 속의 형상을 지니고 있지 않다면, 그들이 어떻게 그것을 추구할 수 있겠습니까? 어떻게 그들이 그것을 원할 만큼 충분히 알게 되었습니까? 예전에 이미 추구한 적이 있어서, 그것을 갖는 게 바람직하다는 사실을 알게 된 것입니까? 확실히 우리는 그런 기억을 갖고 있습니다. 하지만 어떻게 그렇게 되었는지는 나도 모릅니다.

행복이라는 삶의 방식은 다른 마음 상태들과는 별도로 존재합니다. 다른 것들은 행복에 대한 소망을 누립니다. 소망을 가진 사람은, 실제로 행복을 경험하는 사람들보다 좀 더 저급한 행복을 누립니다. 물론 소망을 가진 사람은, 경험도 없고 소망도 없는 사람들보다 좀 더 나은 사람입니다. 하지만 소망이 없는 사람이라 할지라도, 행복 같은 것이 존재한다는 하나의 형상은 지니고 있습니다. 그렇지 않다면 그것을 바라지도 못했을 것입니다. 어쨌든 모두가 행복해지길 원하고 있다는 것만은 확실합니다.

내가 그것을 몰랐다면 원하지도 않았을 것입니다. 어떻게 그렇게 되었는지는 모르겠습니다. 하지만 누구나 다 행복에 관한 지식은 어느 정도 지니고 있습니다. 나는 그것이 기억 속에 저장되어 있는지 어떤지, 얼떨떨할 뿐입니다. 처음 인간이 죄를 짓기 전에 정말로 행복했던 순간으로부터 우리가 공통된 인간의 기억을 지닐 수 있었습니까? 그 처음 사람의 죄로 인해 우리 모두가 죽었습니다. 그 사람으로부터 우리는 불행한 탄생을 물려받았습니다. 내가 묻고 싶은 것은 단 하나, 바로 그 사람이 우리에게 행복한 삶이란 무엇인가에 관한 기억을 넘겨줄 수 있느냐 하는 것입니다. 행복이라는 것을 우리가 인식하지 못한다면 행복해진다는 생각을 사랑해서도 안 된다는 논거 때문입니다. 우리가 그 이름을 듣습니다. 그리고 우리 모두가 그것을 원한다고 고백합니다.

'행복'이라는 단어의 단순한 소리를 듣는다고 해서 자동적으로 기뻐지는 게 아닙니다. 그리스 사람이 라틴어로 행복이라는 단어를 듣는다고 해서 기뻐하지는 않습니다. 라틴어를 이해하지 못한다면, 그 단어를 들었다는 사실조차도 모를 것입니다. 하지만 라틴어를 아는 사람은 똑같은 단어를 듣고 기쁨을 느낍니다. 그리스어를 말하는 사람이 그리스어로 그 단어를 들었을 때 느끼는 기쁨과 똑같은 기쁨을 말입니다. 이것으로 우리는 개념 그 자체가 그리스어나 라틴어의 표현에 제한되지는 않는다는 사실을 알게 됩니다.

단어는 사물 그 자체가 아닙니다. 그렇지 않다면, 각각 다른 말을 사용하는 사람들이 모두 다 그것을 그토록 진지하게 갈망하지도 않을 것입니다. 그 개념은 전세계적으로 알려져 있습니다. 과연 모든 사람들이 한 목소리로 "너희가 행복을 바라는가?"라고 묻고, 또 모든 사람들이 추호의 의심도 없이 "그렇다"고 대답할 수 있겠습니까? 만일 그 이름을 지닌 사물 자체가 기억 속에 보관되어 있지 않다면, 결코 그럴 수 없을 것입니다.

이것은 사람이 예전에 보았던 카르타고의 모습을 기억하는 것과 같은 것입니까?

아닙니다. 행복한 삶은 눈에 보이는 것이 아닙니다. 그러므로 우리가 기억할 수도 없는 것입니다.

그러면 우리가 숫자들에 관한 경험을 기억하는 것과 같은 방식으로 기억하는 것입니까?

아닙니다. 인간은 알지 못하는 것 자체와의 직접적인 접촉이 불가능합니다. 숫자의 개념을 기억하는 사람은 그것을 경험에 입각하여 얻으려 하지 않습니다. 우리의 지식 속에 개념적으로 존재하는 행복한 삶을 원하는 것과 다릅니다. 우리는 행복해지기 위해서 행복을 사랑할 줄 압니다. 그리고 여전히 행복을 얻고 싶어 합니다.

그러면 우리가 웅변을 기억하는 것과 같은 방식입니까?

아닙니다. 이 이름을 듣고 그 개념을 이해한다고 해서 모두 웅변가가 되는 것은 아니기 때문입니다. 웅변가가 되고 싶어 하는 많은 사람들이 기억 속에 어느 정도의 지식을 지니고 있는 것 같습니다. 그렇지만 좀 더 자세히 들여다보면, 그들은 신체적 감각을 통해 웅변과 직접적으로 접촉했다는 사실을 알 수 있습니다. 그들은 다른 사람들이 웅변하는 모습을 보고 들었습니다. 그리고 그것이 그들에게 기쁨을 주었습니다. 그들은 감각적 경험을 통해 기쁨을 안겨준 바로 그것을 직접 하고 싶었습니다. 만일 그들이 감각적 경험을 하지 않았다면, 기쁨을 느끼지도 못했을 것입니다. 수사학에 관한 내적 지식이 없었다면, 그들은 자신이 들은 것처럼 웅변을 잘하게 되기를 바라지도 않았을 것입니다.

이것은 행복한 삶에 대한 우리의 욕구와 다른 것입니다. 다른 사람을 통해서 그것에 관한 감각적 경험을 할 수 없기 때문입니다.

우리는 기쁨에 대한 기억을 지니고 있는 것처럼, 행복한 삶에 대한 기억을 지니고 있습니까?

어쩌면 그런 걸지도 모릅니다. 나는 슬플 때라도 기쁨이 어떤 것인지를 기억합니다. 불행할 때라도 행복한 삶이라는 개념을 갖고 있습니다. 신체적 감각으로 기쁨을 보거나, 듣거나, 냄새 맡거나, 맛보거나, 만진 게 아닙니다. 기쁨의 순간에 내 마음으로 그것을 경험한 것입니다. 그리고 그것에 관한 지식이 내 기억에 달라붙었습니다. 나는 기뻤던 순간들을 회상할 수 있습니다. 그리고 예전에는 기뻐했던 것을 지금은 싫어할 수도 있습니다. 다른 기억들이 갈망을 불러일으킵니다. 이제 나는 예전에 기쁨을 느꼈던 것과 정반대의 것들을 기쁘게 생각합니다. 예전에는 나를 일종의 기쁨으로 몰아갔던 더러운 것들이 있었습니다. 하지만 지금 그것들을 떠올리면 혐오스럽고 저주스럽습니다. 내가 지금 갈망하면서 회상하는 것은 선하고 정직한 기쁨에 관한 기억입니다. 예전의 기쁨을 내가 다시 체험할 수는 없습니다. 그 기쁨을 회상하는 것이 내게는 일종의 슬픔과도 같기 때문입니다.

하지만 내가 행복한 삶을 언제 어디서 경험했기에, 그것을 기억하고, 사랑하고, 갈망하게 된 것입니까? 이것은 나 자신의 경험입니까, 아니면 극소수 사람들의 경험입니까? 우리 모두는 행복해지길 원합니다. 하지만 행복의 의미를 알 만큼 어느 정도의 지식을 지니고 있지 않다면, 그토록 간절히 원하지도 않을 것입니다.

두 사람에게 전쟁터의 군인이 되고 싶으냐고 질문할 경우, 한 사람은 군인이 되고 싶다고 대답할 수도 있고, 다른 사람은 군인이 되기 싫다고 대답할 수도 있습니다. 하지만 두 사람에게 행복해지고 싶으냐고 질문한다면, 분명히 둘 다 즉시, 확신에 차서, 행복해지고 싶다고 대답할 것입니다. 사실, 한 사람은 전쟁터에 나가고 싶다고 대답하고, 다른 사람은 나가기 싫다고 대답하는 이유는 딱 한 가지뿐입니다. 자신에게 행복을 가져다 줄 것이라고 생각되는 쪽을 추구하는 것입니다. 한 사람은 이것에서 기쁨을 추구할 수 있고, 다른 사람은 저것에서 기쁨을 추구할 수 있습니다. 하지만 이렇게 기쁨을 추구하는 것은 바로 행복해지기 위해서라는 말에 둘 다 동의할 것입니다. 기쁨을 누리고 싶고 그 기쁨을 행복한 삶이라고 부르고 싶지 않은 사람이 어디 있겠습니까? 이 사람은 이것에서 기쁨을 추구하고, 저 사람은 저것에서 기쁨을 추구합니다. 하지만 결국 그들이 도달하고자 하는 목표, 기쁨의 목표는 똑같습니다.

모두가 기쁨을 추구하고 또 모두가 기쁨을 경험한 적이 있다고 말한다면, 그것은 분명 기억 속에서 발견된 것입니다. 행복한 삶이라는 개념을 들을 때마다 인식된 것입니다.

하지만 주님, 내가 한 가지 실수를 저지르지 않도록 지켜 주옵소서. 여기 주님께 고백하고 있는 주님 종의 마음에서 그 실수를 멀리 떼어내 주옵소서. 내가 이 세상의 덧없는 기쁨을 맛보고서 진정한 행복에 도달했다고 생각하지 말게 하옵소서. 진정한 행복을 가져다주는 기쁨이 있습니다. 하지만 그것은 신앙이 없는 이들에게는 주어지지 않습니다. 오로지 주님을 위하여 주님을 사랑하는 이들에게만 주어지는 것입니다.

그 기쁨은 주님을 있는 그대로 아는 것입니다. 주님 안에서 기뻐하는 것, 주님을 기뻐하는 것, 주님을 위해 기뻐하는 것, 이것이 바로 행복한 삶입니다. 이것만이 행복한 삶입니다. 다른 건 없습니다. 다른 게 있다고 생각하는 이들은 다른 뭔가를 추구합니다. 그들은 진정한 기쁨의 길에 있지 않습니다. 하지만 진정한 기쁨과 닮은 뭔가를 쫓아가게 만드는 그것의 형상은 아직도 내면에 품고 있습니다.

모두가 진정한 기쁨인 행복을 원한다는 것은 분명 확실합니다. 그것은 행복한 삶의 유일한 소망이신 주님 안에서 기쁨을 찾는 것을 의미합니다. 하지만 모두가 이런 식으로 행복한 삶을 원하는 것은 아닙니다. 아니, 어쩌면 모두가 행복을 원하지만, 육체가 영을 갈망하지 않고, 영이 육체를 갈망하지 않기 때문에, 둘 다 근본적으로 원하는 일을 할 수 없는 것이라고 말하는 게 더 정확할지도 모르겠습니다. 그래서 그들은 가능한 한 행복처럼 보이는 것을 꽉 붙잡고 그것에 만족해 보려고 애쓰는 것입니다. 그들은 진정한 기쁨을 원하지 못합니다. 그들의 인간적 의지는 진정한 행복을 바라게 해줄 만큼 충분히 강하지가 못하기 때문입니다.

이제 나는 사람들에게 정말로 기쁨을 경험했는지, 아니면 거짓으로 경험했는지 물을 수 있습니다. 그들은 "정말로 경험했어요"라고 대답하기를 망설일 것입니다. 행복한 삶은 진리 안에서 기뻐하는 것이고, 진리 안에서 기뻐하는 것은 오로지 진리이신 주님 안에서 기뻐하는 것밖에 없습니다. 오, 하나님, 나의 빛이여, 오직 주님만이 내 삶에 건강을 가져다주십니다. 이것이 바로 모두가 원하는 행복한 삶입니다. 이것이 유일하게 행복한 삶이며, 모두가 정말로 원하는 삶입니다. 모두가 진정한 기쁨을 찾고자 합니다. 나는 남을 속이려고 드는 사람들을 많이 만났습니다. 내놓고 남에게 속임을 당하고 싶어 하는 사람은 단 한 명도 못 만났습니다.

그러므로 우리는 다음과 같은 것을 연구에 포함시킬 수 있습니다. 즉 사람들은 행복한 삶이라는 개념의 형상을 지니고 있으며, 뿐만 아니라 진리의 개념에 대한 지식도 분명히 같은 곳에서 습득했다고 말입니다. 또한 사람들은 스스로 속임을 당하고 싶지 않기 때문에 진리를 사랑해야 합니다. 그들은 오로지 진리 안에서의 기쁨을 통해서만 발견할 수 있는 행복한 삶이라는 개념을 사랑합니다. 그들은 진리를 사랑합니다. 만일 그들의 기억 속에 진리에 관한 정보가 없다면, 진리를 사랑하지도 않을 것입니다.

그렇다면, 그 누구도 진리 안에서 비롯되는 기쁨을 혼자 힘으로 발견할 수 없는 것은 무엇 때문입니까? 그들이 행복하지 않은 것은 어째서입니까? 그것은 그들을 좀 더 불행하게 만들 수 있는 것들을 좀 더 강하게 붙들었기 때문입니다. 행복의 원천에 대해서는 희미하게만 기억하고 있었기 때문입니다. 하지만 인간 안에는 작은 빛이 남아 있어서, 앞으로 걸어 나갈 수 있습니다. 어둠이 그들을 뒤덮지 못하도록, 그들이 앞으로 걸어 나갈 수 있게 하옵소서.

진리는 어째서 행복을 향해 나아가기보다는 증오를 만들어 내는 것입니까? 주님의 종이 진리를 가르칠 때, 그는 행복한 삶을 원하는 척하는 사람들의 적이 되고 맙니다. 하지만 그들이 원하는 행복한 삶은 진리 안에서 기쁨을 발견할 때에만 이루어집니다. 이런 역설이 가능한 것은, 사람들이 진리에 대한 사랑으로 비뚤어진 나머지, 자신이 진리라고 판단한 진리만을 사랑하기 때문입니다. 그들은 자기가 사랑한다고 판단한 것만을 기쁘게 진리로 받아들입니다. 남에게 속고 싶지 않기에, 자신이 진리라고 믿는 것 외에는 아무 것도 신뢰하지 않으려 드는 것입니다.

결국 그들은 진리 대신 사랑하는 것을 위하여 정작 진리를 증오하게 됩니다. 계몽하는 진리를 사랑하고, 책망하는 진리를 증오합니다. 그들은 남에게 속지 않고 오히려 남을 속일 것이므로, 진리가 자신에게 도움이 될 게 틀림없을 때에는 진리를 사랑하고, 진리가 자신을 들춰낼 경우에는 증오합니다. 진리는 결국 그들의 정당성을 인정해 주는 것입니다. 자신에 관한 진실이 들춰지기를 바라지 않는 이들은 자기 의지에 반하는 사람들 때문에 폭로될 것입니다. 하지만 이런 식의 폭로를 통해서는 진리의 본질에 관해 그 어떤 것도 분별할 수가 없을 것입니다.

보옵소서. 인간의 마음이 움직이는 것을 보옵소서.

눈멀고, 병들고, 추하고, 거짓된 인간의 마음을 보옵소서.

그 얼마나 감추어져 있기만을 바랍니까?

그 얼마나 자기를 제외한 모든 것들을 들춰내기 바랍니까?

이제 판결문을 들어보옵소서.

마음은 진리로부터 숨지 못할 것입니다.

하지만 진리는 마음으로부터 숨겨질 것입니다.

그러나 이런 비참한 상태에서조차도 소망은 존재합니다. 아직 마음속에는 거짓이 아니라 진리 안에서의 기쁨에 대한 욕망이 들어 있기 때문입니다. 혼란이 제거되는 순간, 만물이 진실하게 대하는 그 유일하신 진리 안에서 기뻐할 수 있도록 승낙을 받은 사람은 행복합니다.

오, 주님, 기억에 관해, 그리고 주님을 추구하는 것에 관해 묵상하느라, 나는 지금까지 먼 길을 걸어왔습니다. 이 경계선 바깥에서는 주님을 찾지 못했습니다. 주님에 관한 것이라고는 아무 것도 발견할 수가 없었습니다. 오직 내가 기억 안에 보관하고 있는 것뿐이었습니다. 주님에 관하여 배운 후부터 잠시도 주님을 잊어버리지 않았습니다. 진리를 발견했을 때에도, 그곳에서 나는 진리 그 자체이신 내 하나님을 발견했습니다. 나는 이것을 배웠고, 결코 잊어버리지 않았습니다. 주님에 관하여 배운 이후로, 주님은 늘 내 기억 속에서 사셨습니다. 그곳에서 나는 주님에 대한 기억을 떠올릴 때마다 주님을 발견합니다. 그리고 주님 안에서 기뻐합니다.

이것은 내 거룩한 기쁨입니다. 주님이 나의 가난을 불쌍히 여겨 자비 가운데 저에게 주신 기쁨입니다.

하지만, 오, 주님, 주님은 내 기억 속 어디에 계시는 겁니까?

그 곳 어디에 주님의 거처를 마련하신 겁니까?

어떤 형태의 집을 지으신 겁니까?

어떤 성소를 세우신 겁니까?

주님은 내 기억 속에 거처를 지으심으로써 내 기억에게 엄청난 영광을 부어 주셨습니다. 하지만 아무리 생각해 봐도, 주님이 어디쯤 거하고 계신지를 짚어낼 수가 없습니다. 주님에 관해 생각하는 동안 나는 동물들과 공유하고 있는 정신 능력의 한계를 뛰어넘었습니다. 내가 수집한 물질적 삶의 형상들 속에서는 도저히 주님을 찾을 수 없었습니다. 내 마음 속 욕망들의 기억을 저장해둔 곳에서도 주님은 찾을 수 없었습니다. 나는 내 정신 작용의 장소까지 들어갔습니다. 그곳에서는 기억이 그 자체와 그것의 추론을 기억하고 있습니다. 하지만 그곳에도 주님은 없었습니다.

내가 기뻐하고, 위로하고, 원하고, 두려워하고, 기억하고, 잊는 순간 주님은 정신적 형상도 아니고, 생물의 감정도 아닙니다. 주님은 정신 그 자체도 아닙니다. 주님은 정신의 주, 하나님이십니다. 내 모든 생각과 감정은 변하지만, 주님은 그 모든 것을 초월하며, 절대로 변하지 않으십니다. 하지만 주님은 내가 주님을 안 이후로, 내 기억 안에 거하기 위하여 주님을 저에게 주셨습니다. 그런데도 나는 어째서 마치 내 안에 주님을 모신 침실이라도 있는 것처럼, 주님이 머무는 장소를 찾기 위해 애쓰고 있는 겁니까? 나는 주님이 거기에 계신다는 걸 확신합니다. 주님을 안 이후로 죽 주님을 기억하고 있었기 때문입니다. 주님을 찾기 위해 내가 필요로 하는 건 단 하나, 주님에 관한 기억을 불러오는 것뿐입니다.

내가 주님을 어디에서 발견해 주님을 알게 되었습니까? 주님에 관해 배우기 전에는 내 기억 속에 주님이 없었습니다. 주님은 내게서 너무도 멀리 떨어져 있었습니다. 그런데 내가 어떻게 주님에 관한 것을 배움으로써 주님을 발견할 수 있었겠습니까? 내 정신을 앞뒤로 다 뒤져봐도, 그럴만한 장소를 발견할 수 없었습니다. 오히려 내가 얻은 답은, 어디서나 주님은 주님께 조언을 구하는 사람들 모두에게 들을 수 있는 기회를 주신다는 것입니다. 그들이 온갖 방법을 사용하여 주님의 조언을 얻고자 청할 때마다, 주님은 그들 모두와 대화를 시작하십니다. 주님은 분명히 대답해 주십니다. 문제는 그들 모두가 그것을 분명히 듣지는 못한다는 것입니다. 그들이 청하는 것에 따라, 주님은 모두에게 그 나름의 조언을 해주십니다. 하지만 그들 모두가 자신이 원하는 바를 초월하여 주님의 조언을 들을 수 있는 것은 아닙니다.

주님의 진실한 종은 자신이 원하는 것을 주님으로부터 듣기 위해 귀를 기울입니다. 주님의 말씀을 듣기 원합니다.

내가 너무나도 늦게 주님을 사랑했습니다(로마서 7장 14-24절; 로마서 8장 8-24절 참고).

오, 주님은 옛날의 아름다움이지만, 영원히 새로우십니다!

내가 너무나도 늦게 주님을 사랑했습니다.

보옵소서. 주님은 내 안에 계셨는데, 나는 바깥을 찾아 헤매고 다녔습니다.

나는 주님의 흠 없는 예술성에 뛰어든 괴물이었습니다.

주님은 나와 함께 계셨지만, 나는 주님과 함께 하지 않았습니다.

사물의 세계는 내가 주님을 발견할 수 없도록 가로막았습니다.

하지만 그것들도 주님 안에 있지 않다면 결코 존재할 수 없습니다.

주님이 나를 부르고 외쳐, 나의 귀를 열어 주셨습니다.

주님이 번쩍이고 빛을 내어, 나의 눈을 열어 주셨습니다.

주님이 경이로운 향기를 내뿜으셨습니다.

마침내 내가 숨을 들이쉬고, 주님의 향기를 갈망하였습니다.

내가 허기와 갈증을 알 때까지 맛을 보았습니다.

주님이 나를 만지셨고, 내가 주님의 평화를 연모하였습니다.

언젠가 나는 온몸을 다 바쳐 주님의 존재에 매달릴 수 있을 것입니다. 그때가 되면 슬픔과 수고가 사라질 것입니다. 내 생명이 완전히 생생해질 것입니다. 주님이 내 안에 가득 차게 될 것이기 때문입니다. 하지만 지금도 주님은, 주님이 들어 올리신

이를 가득 채워 주십니다. 나는 내 안에 주님이 가득 채워지지 않았음을 잘 압니다. 그리하여 나는 나 자신에게 수고를 끼치고 있습니다. 애처로운 기쁨이 환희의 슬픔과 서로 다툽니다. 그 싸움에서 어느 쪽이 이기겠습니까? 그걸 내가 어떻게 알 수 있습니까?

아, 슬픕니다!

주님, 저를 불쌍히 여겨 주옵소서.

저의 사악한 슬픔이 저의 선한 기쁨과 투쟁합니다.

어느 쪽이 이길지 도저히 알 수 없습니다.

주님, 저를 불쌍히 여겨 주옵소서.

제가 병들었기 때문입니다.

의사이신 주님께 제 상처를 숨기지 않겠습니다.

주님은 자비로우시며, 저는 비참합니다.

땅 위에 사는 인간의 삶이 모두 시련 아닙니까? 그 누가 걱정과 곤경을 원하겠습니까? 주님은 그것들을 사랑하지 말고 극복하라 명하셨습니다. 견디는 일을 정말로 사랑하는 사람일지라도, 견뎌야 할 대상을 결코 사랑하지는 않습니다. 견디는 일을 기뻐하는 사람일지라도, 견뎌야 할 일이 결코 안 생기기를 원하기 마련입니다. 불운 가운데서 나는 행운을 갈망하고, 행운 가운데서 나는 불운을 두려워합니다. 이 둘 사이에 중간이 어디 있습니까? 삶이 전부 시련이지 않은 곳이 어디입니까?

아, 불운에 대한 공포와 기쁨의 타락을 통하여, 세상의 행운에게 거듭 화 있을진저! 아, 행운에 대한 갈망과 불운의 혹독함 속에서 거듭 경험하게 되는 세상의 불운에게 화 있을진저! 그런 생명력들이 우리가 견뎌낼 수 있는 능력을 산산조각 내고 맙니다. 땅 위에 사는 인간의 삶이란 끊임없는 시련이 아닙니까?

   그런 실재는 주님의 놀랍고도 위대한 자비 속에서만 소망을 품도록 해줍니다. 주님이 저희에게 가지라고 명령하신 것들을 저희에게 주옵소서. 주님이 원하신다면 무엇이든 명령하실 수 있습니다. 주님은 정결을 명하십니다. 그리고 나는 하나님이 정결의 은사를 주지 않으신다면 그 누구도 정결을 유지할 수 없다고 말합니다. 이 교훈은 내가 살기 위해 필요했던 지혜의 일부였습니다. 그리고 나는 그 은사의 출처를 배웠습니다. 정결로 인해 저희는 정말로 묶여 합일로 다시 인도되었습니다. 그곳에서 저희는 흩어져 분열된 삶을 살았습니다. 다른 모든 것들과 더불어 주님을 사랑하는 이는, 주님을 거의 사랑하지 않는 것과도 같습니다(요한일서 2장 16절 참고).

   오, 사랑이여, 주님은 영원히 불타지만 절대로 줄어들지 않으십니다.

   오, 나의 하나님, 저에게 새로운 감정들을 지펴 주옵소서.

   주님이 원하시는 것을 저에게 명하시기 위해, 주님이 명하신 것을 저에게 주시기 위해, 주님은 저를 순결로 부르십니다.

   그것은 음울한 어둠입니다. 그 어둠 뒤로 내 안의 능력들이 모습을 감추었습니다. 나의 정신은 자기 안에서 힘을 찾아 헤매지만, 악에 저항할만한 능력이 있다는 것을 차마 믿을 수가 없습니다. 경험이 그 능력을 드러내 주지 않는 한, 대개는 가려지고 맙니다. 시련뿐인 그런 삶 속에서는, 개인적인 훈련을 통해 더 나쁜 곳에서 더 나은 곳으로 옮겨갈 수 있다는 것을 아무도 확신할 수 없습니다. 더 나은 곳에서 더 나쁜 곳으로 나아가는 것 역시 마찬가지입니다.

한 때 귀의 기쁨이 나를 단단히 붙잡았지만, 주님은 나를 풀어 주고 자유를 주셨습니다. 이제 나는 듣기 좋고 익숙한 음성으로 주님의 말씀이 영혼에게 속삭이는 그 가락 속에서, 잠깐의 휴식을 취합니다. 하지만 내가 원할 때 빠져나올 수 없을 정도로 그 가락에 단단히 붙들려 있는 것은 아닙니다. 그 가락의 생명인 말씀은 내 마음으로 들어오는 길을 발견합니다. 그래서 나는 그 가락에 합당한 가치를 부여하고 그것을 높이 평가합니다.

한편으로, 나는 그 가락을 원래보다 높게 평가했다고 믿습니다. 나는 우리의 정신이 좀 더 거룩해졌으며, 거룩한 말씀의 가락이 들려올 때 그 가락 자체에 의하여 좀 더 열렬한 헌신의 불꽃을 피우게 되었다고 믿었습니다. 나는 영혼의 다양한 감정들이 노래 속에서 적당한 음성을 낼 때에 기분 좋은 다양성이 부여되었다고 생각했습니다. 마치 그 안에서 비밀스럽고 특별한 행위가 벌어지는 것처럼 말입니다.

하지만 이 육체의 만족이 자칫 영혼까지 약화시킬 수 있습니다. 생각이 이끄는 대로 순종적으로 따르고 생각에 굴복하고 싶은 유혹이 느껴집니다. 감정적 반응은 이성을 따르라는 지시를 받았지만, 언제나 생각보다 앞서 달리고 싶어 합니다. 그리하여 의식하지 못하는 새에 죄가 스며듭니다. 그 뒤에야 비로소 나는 죄를 인식하게 됩니다.

다른 한편, 나는 실수를 저지르지 않으려고 주의를 기울임으로써 이 속임수를 단단히 회피합니다. 음악을 거부하는 것 역시 실수입니다. 때로 나는 다윗의 시편에 들어 있는 온갖 듣기 좋은 가락들을 내 귀에서 몰아내고 싶었습니다. 교회의 귀에도 들려주고 싶지 않았습니다. 그러는 게 더 안전할 것 같았기 때문입니다. 알렉산드리아의 주교였던 아타나시우스 역시 이 점에 관하여 걱정했습니다. 그는 시편을 읽을 때, 노래보다는 말에 더 가까울 정도로 억양이 거의 없이 읊도록 했습니다.

또한 나는 처음으로 신앙을 회복했던 순간 주님 교회의 시편 찬송을 듣고 눈물을 흘렸던 일을 기억합니다. 나는 노래로 불리는 말씀에 감동을 받았다기보다는 오히려 그 노래에 감동을 받았습니다. 깨끗한 음성과 적당한 억양으로 불리는 노래를 듣고, 나는 이 제도의 가치를 인정하게 되었습니다.

결국, 노래에 관한 한, 나의 견해는 즐거움의 위험을 허용하는 것과, 좀 더 승인된 건전함 속에 머물러 있는 것 사이를 오가고 있습니다. 그래도 후자 쪽으로 더 마음이 기웁니다. 비록 교회에서 노래를 허용하지 말아야 한다는 극단적인 결론을 내린 건 아니지만 말입니다. 노래가 주는 귀의 즐거움은 약한 이들의 마음이 헌신을 향해 솟아오르도록 도와줍니다. 하지만 나 같은

경우, 노래로 불리는 말씀보다는 음성에 더 감동을 받습니다. 그러므로 나는 형벌을 받을 만한 죄를 지었음을 고백합니다. 차라리 음악을 듣지 않는 게 더 나았을 뻔했습니다. 이 문제를 직시하고 공감케 하옵소서. 특히 나를 위해 울어 주옵소서. 주님은 감정을 좀 더 잘 조절할 수 있으므로, 좋은 결과만이 계속됩니다. 어떤 이들은 음악에 빠져들지 않는다는 것을 나는 압니다. 이것들은 주님께 닿을 수 없기 때문입니다.

하지만, 오, 나의 주 하나님, 들어 주옵소서. 저를 돌아보시고, 저에게 자비를 베푸시며, 저를 고쳐 주옵소서. 주님 앞에서 저는 때때로 제 자신의 문제가 되고 맙니다. 이것이 저의 약점입니다.

내 눈의 즐거움은 여전히 남아 있습니다. 주님 성전의 귀, 형제 같고 헌신적인 귀들이 듣는 가운데 나는 고백해야만 합니다. 아직까지도 나를 엄습하는 육체의 정욕과 유혹에 관한 생각을 끝맺습니다. 하늘에 있는 내 집에 좀 더 가까이 가기를 바라며, 나는 진심으로 신음합니다.

내 눈은 아름답고 다양한 형태를 사랑하며, 밝고 고운 색깔을 사랑합니다. 그러니, 이것들이 내 영혼을 차지하지 못하게 하옵소서. 차라리 이것들을 그토록 아름답게 만드신 하나님께서 내 영혼을 차지하게 하옵소서. 나의 선은 이것들이 아니라 바로 하나님입니다. 이것들이 나에게 영향을 미쳐, 온종일 깨어나지 못하게 만듭니다. 온갖 음성들로부터 침묵을 추구함으로써 음악의 유혹을 물리칠 수 있었던 것과 달리, 이 아름다움으로부터는 도망칠 수도 없습니다. 색깔의 여왕인 빛이 온종일 사방에서 우리를 둘러쌉니다. 빛이 여러 가지 형태로 내 곁으로 미끄러지며, 내가 더 단단한 것을 붙들고 있는 동안에도, 나 자신도 알아채지 못하는 사이에, 나를 가라앉힙니다. 빛과 색은 내 삶을 너무나도 강하게 휘감고 있습니다. 그래서 갑자기 빛이 사라지면 그 빛을 갈망하게 되고, 오랜 시간 동안 빛이 없어질 경우 내 마음까지 우울해지고 맙니다.

이것 말고도, 좀 더 직접적으로 위험이 될 만한 유혹의 형태가 하나 더 있습니다. 바로 온갖 감각의 기쁨과 즐거움을 구성하는 육체의 욕망입니다. 그것의 노예가 되고 나면, 주님으로부터 멀리 떨어져, 쇠약해지고, 결국은 죽게 됩니다. 하지만 영혼은 그 육체의 감각을 통해, 육체적인 것들을 연구하고 실험해보고 싶다는 헛되고 괴이한 욕망을 품게 됩니다. 이러한 유혹은 지식이나 배움이라는 범주 아래 몸을 숨깁니다. 여기에는 지식에 대한 욕구가 포함됩니다. 그리고 시각은 지식을 획득하기 위해 필요한 가장 중요한 감각입니다. 신적인 언어로 말하자면, 이것은 눈의 욕망입니다.

"본다"는 것은, 엄밀히 말하자면, 눈의 작용입니다. 하지만 지식을 추구한다는 의미로 말할 경우에는, 다른 감각들과 관련지어 이 단어를 사용합니다. 우리는 이런 식으로 말하지 않습니다. "그것이 어떻게 번쩍이는지 들어라," "그것이 어떻게 빛나는지 맡아라," "그것이 어떻게 반짝이는지 맛봐라," 또는 "그것이 어떻게 번득이는지 만져라." 이것들은 모두 본다는 말로 표현됩니다. 하지만 마치 눈만 지각할 수 있는 것처럼 "그것이 어떻게 반짝이는지 보아라"라는 말만 사용하는 것은 아닙니다. 우리는 이렇게도 말할 수 있습니다. "그것이 어떻게 소리 나는지 보아라," "그것이 어떤 냄새가 나는지 보아라," "그것이 어떤 맛이 나는지 보아라," "그것이 얼마나 단단한지 보아라." 따라서 감각들의 공통적인 경험은 눈의 욕망이 됩니다. 눈은 보는 일의 최우선 위치에 서지만, 다른 감각들은 주변 지식을 추구하는 것처럼 유사한 지각 활동을 맡게 됩니다.

　호기심이 감각들의 대상인 즐거움 중 하나라는 사실을 깨닫게 될 때, 우리는 이 욕망에 관해 좀 더 확실히 알 수 있습니다. 즐거움은 아름답고, 향기롭고, 맛 좋고, 부드러운 대상을 찾아내고 싶어 합니다. 그런 것들을 찾아내기 위해, 호기심은 즐겁지 않은 대상들도 조사해볼 것입니다. 감각들이 요구되는 것은 우리 주변의 대상들이 지닌 본질을 알고 싶은 욕망 때문입니다.

　몸서리칠 정도의 토막 난 시체를 보고서 과연 어떤 즐거움을 느낄 수 있겠습니까? 하지만 그런 시체가 가까이 있을 경우, 사람들은 떼를 지어 몰려듭니다. 그것을 보고 슬퍼하거나 창백해집니다. 그것에 대한 기억이 공포와 함께 그들의 잠을 방해합니다. 마치 깨어 있는 동안 죽음을 경험하도록 강요당한 것처럼, 또는 누군가가 그들에게 그것이 얼마나 아름다웠는지를 보고한 것처럼 말입니다. 예를 듦으로써 추론할만한 시간을 가져야 하는 것은 다른 감각들의 경우도 마찬가지입니다.

　온갖 종류의 낯선 광경들이 무대에서 상연되는 것은 이 호기심의 질병을 자극하는 것입니다. 사람들은 계속해서 숨겨진 본성의 힘을 찾아내려 합니다. 이런 쇼를 경험하는 것은 아무에게도 도움이 되지 않습니다. 그것은 오로지 그 경험을 알고 싶은 욕구만 채워줄 뿐입니다. 사람들이 비술을 연구하는 것도 다 이런 왜곡된 지식을 추구하기 때문입니다. 사람들은 종교에서도 똑같은 종류의 경험을 원합니다. 자기들이 요구하는 기사와 표적을 행해 보라고, 하나님을 시험하려 듭니다. 마술 같은 경험은 어떤 좋은 목적 때문에 요구되는 게 결코 아닙니다. 그것은 단지 시험일 뿐입니다.

이 드넓은 광야에는 수없이 많은 함정과 위험이 도사리고 있습니다. 나는 대부분의 함정과 위험을 내 정신으로부터 차단시키고 밀어냈습니다. 내 구원의 하나님이신 주님이 나에게 그럴 만한 힘을 부어주셨습니다. 지금도 나는 감히 말할 수 있습니다. 온갖 종류의 유혹들이 사방으로부터 내 일상생활 주변으로 몰려듭니다. 그런데 어찌 그 중 아무 것도 내 관심을 끌거나 쓸데없는 흥미를 불러일으키지 않는다고 말할 수 있겠습니까? 사실, 연극은 더 이상 내 관심을 끌지 못합니다. 또 나는 죽은 영혼들에게 조언을 구하고픈 유혹에 단 한 번도 빠진 적이 없습니다. 그런 신성모독적인 신비들을 나는 경멸합니다. 오, 나의 주 하나님, 원수가 어떤 속임수와 제안으로 유혹하여, 내가 경건하고 성실하게 섬겨야 할 주님께 표적들을 요구하도록 하겠습니까? 나는 여전히 순결하고 거룩한 예루살렘의 왕께 순종하기 위해, 그 어떤 것도 묵인하지 않도록 지켜주실 것을 간구합니다. 이런 생각들을 내게서 더 멀리 제거시켜 주옵소서. 내가 주님께 어떤 사람의 구원을 위해 간구할 때, 그것은 어떤 표적을 받고 싶은 목적이나 의도에서 그런 게 결코 아닙니다. 그런 것과는 너무도 거리가 멉니다. 주님은 나에게 기꺼이 주님을 따를 수 있는 은총을 부어 주셨으며, 앞으로도 주실 것입니다. 주님은 내가 주님이 원하시는 대로 행할 수 있게 도와주실 것입니다.

보잘것없고 경멸스러운 문제들이 매일 우리의 호기심을 얼마나 많이 자극하고 있습니까? 우리가 거기에 얼마나 자주 굴복하고 마는지 그 누가 기억할 수 있겠습니까? 사람들에게 불쾌감을 주지 않으려고 얼마나 자주 그들이 우리 한가운데서 쓸데없는 이야기를 늘어놓도록 내버려둡니까? 그럴 때마다 우리는 어리석음에 이상한 관심을 기울였다는 사실을 깨닫습니다. 나는 개가 토끼를 쫓는 모습을 보기 위해 원형경기장에 가는 짓을 더 이상 하지 않습니다. 하지만 만일 들판을 지나가는데 마침 그런 경주가 벌어지고 있다면, 당연히 신중한 생각이 사라지고 심란해질 것입니다. 내가 동물을 보기 위해 고개를 돌리는 게 아니라, 내 정신이 그 쪽으로 기우는 것입니다. 어리석게도 나는 걸음을 멈추고, 주님이 그 광경 자체를 가리시거나 또는 내 관심을 주님께 돌림으로써, 내가 이런 약한 것들을 보지 못하게 재빨리 나를 경고하시는지 안 하시는지 알아보려 할지도 모릅니다.

우연히 도마뱀 한 마리가 자기 집 쪽으로 걸려든 파리나 거미를 잡아먹는 모습에 관심을 빼앗기는 경우는 어떻습니까? 그런 것들은 작은 생물이므로 조금 다른 겁니까? 나는 그것들을 통해서 만물의 경이로운 창조주이시며 명령자이신 주님께 찬양을 돌립니다. 하지만 이것이 나의 관심을 가장 많이 끄는 것은 아닙니다.

내 삶은 하찮은 일들로 가득 차 있습니다. 내 유일한 소망은 주님의 놀랍고 크신 자비뿐입니다(시편 40편 참고). 우리의 마음이 저장소가 되어 이런 쓸데없는 것들로 너무 가득 채워진다면, 기도하는 이들이 종종 방해를 받고 맘을 빼앗길 것입니다. 주님 앞으로 나아갈 때, 우리는 반드시 마음의 목소리를 주님 귀로 향하게 합니다. 무익한 생각들이 밀려들어 방해를 받는다면 얼마나 큰 문제가 될지 보옵소서. 우리가 이것을 사소한 관심의 문제라고 여기겠습니까? 우리를 계속해서 변화시켜 주시는 주님의 충만한 자비가 없다면, 다른 어떤 것이 우리를 진정한 인식으로 되돌려 줄 수 있겠습니까?

주님이 이미 저희를 얼마나 많이 변화시켜 주셨는지, 주님도 잘 아십니다. 주님은 맨 먼저 내 명예를 지키고 싶은 감정의 욕망을 고쳐 주셨습니다. 이와 같은 자기 정당화를 깨뜨린 다음, 주님은 내가 나머지 죄들을 대면할 수 있도록 만드셨습니다. 그런 뒤에야 비로소 나는 내 결점들이 고쳐졌음을, 타락에서 구원 받았음을, 자비와 긍휼의 면류관을 썼음을 깨달을 수 있었습니다. 그런 뒤에야 비로소 주님은 내 욕망을 좋은 것들로 채워 주셨습니다. 주님은 우선 주님을 향한 경외심으로 내 교만을 억제하고, 내 목을 주님의 멍에에 맞게 훈련시켜야만 했습니다. 그리하여 나는 멍에를 메는 법을 배웠고, 이제는 그 멍에가 가볍게 느껴집니다. 주님은 저에게 약속하셨으며, 그 약속을 지키셨습니다. 사실 그 약속은 처음부터 이루어져 있었습니다. 하지만 주님의 뜻에 복종하게 될까봐 두려워하던 그 때에는 도저히 이해할 수가 없었습니다.

주님, 교만이 없는 이는 오직 주님뿐이십니다. 오직 주님만이 아무에게도 복종할 필요가 없는 진정한 주님이시기 때문입니다. 이 유혹이 내 안에서 멈추었습니까? 이것이 내 삶에서 완전히 멈출 수 있습니까? 개인적인 기쁨을 가져오는 것 말고는 다른 어떤 목적도 없는 소원이 있습니다. 그런 기쁨은 기쁨이 아니라, 거짓된 허풍으로 이루어진 비참한 삶입니다. 주님을 사랑하고 경외하지 못하도록 파놓은 함정입니다. 그러므로 주님은 교만한 이들을 막으시고, 경건한 이들에게 은혜를 베푸십니다. 주님은 세상의 야망을 파멸하시고, 산들의 기초를 떨게 하십니다(잠언 3장 34절; 이사야 64장 참고).

   인간 사회의 여러 가지 시도들이 칭송과 사랑과 존경을 조장하므로, 우리의 진정한 축복을 가로막는 적이 바로 눈앞에 있습니다. 사방에서 적이 "잘했어! 정말 잘했어!" 하고 함정을 파놓습니다. 우리가 탐욕을 부리는 그곳에서, 적이 우리를 붙잡습니다. 우리는 중요한 것을 추구하느라 붙잡힌 것도 모를 수 있습니다. 자아의 기쁨이 우리를 주님의 진리로부터 떼어 놓습니다. 우리는 사랑 받고 칭송 받는 것을 좋아하기 때문에, 조종자들의 속임수에 걸려들고 맙니다. 주님을 위해 찬미하는 것은 우리를 기쁘게 하지 못합니다. 하지만 주님의 자리에 서는 것은 우리를 기쁘게 해줍니다. 그런 함정에 빠지는 사람은 자기 스스로 주인이 되어, 사랑의 띠가 아니라 처벌의 족쇄를 차고, 그 덫에 빠져듭니다. 그는 우선 북쪽에 자신의 왕좌를 둘 계획이었습니다. 어둡고 차가운 곳에서, 그릇되고 부정하게 주님 흉내를 내며, 섬김을 받을 수 있도록 말입니다.

   그러나 오, 주님, 저희는 주님의 적은 무리입니다. 저희를 주님의 소유로 삼아 주옵소서.

주님의 날개를 저희 위에 펼쳐서, 저희가 그 아래를 날아다니게 하옵소서.

저희의 영광을 받아 주옵소서.

저희가 주님의 사랑일 수 있겠습니까?

주님의 말씀이 저희의 숭배를 받을 수 있겠습니까?

그리고 누가 주님의 보호로부터 인간을 가로채 찬미를 받겠습니까? 주님이 심판하고 책망하실 때에 인간이 인간을 구해내겠습니까? 죄인은 그 영혼의 욕망 때문에 칭송 받을 수 없으며, 신실하지 못한 사람은 축복을 받을 수도 없다는 것을 우리는 잘 압니다. 주님이 주신 은사들을 가지고 찬미를 받는 사람의 죄는 더더욱 교활합니다. 그는 칭송을 받도록 그 은사를 주신 주님께 영광을 돌려드리는 게 아니라, 그 은사를 이용하여 자신이 좀 더 많은 칭송을 받게 됨을 기뻐할 수 있습니다. 정작 주님은 마땅히 받아야 할 영광을 받지 못하시는데, 그는 칭송을 받게 되는 것입니다.

그러므로 칭송을 받는 이보다는 찬미를 드리는 이가 훨씬 낫습니다. 찬미를 드리는 이는 어떤 사람에게서 하나님의 은사를 발견하고 기뻐합니다. 하지만 칭송을 받는 이는 하나님보다도 인간의 재능을 더 기뻐합니다. 오, 주님, 이런 유혹들이 날마다 우리를 엄습합니다. 우리가 계속해서 공격을 받습니다. 우리가 날마다 겪고 있는 고통의 혹독한 시련은 바로 우리를 칭송해 주는 남들의 혀입니다.

이런 식으로 주님은 우리에게 순결을 명하십니다. 주님이 원하시는 것을 저희에게 명하시고, 주님이 명하신 것을 저희에게 주옵소서. 주님은 나의 마음이 이것 때문에 얼마나 신음하고 있는지 잘 아십니다. 내 눈에서 눈물이 흘러내립니다. 이 욕망이라는 전염병에서 내가 과연 얼마나 멀리 떨어져 있는지, 알 수가 없기 때문입니다. 나의 은밀한 죄 때문에 내가 심히 두렵습니다. 주님의 눈은 내 눈이 보지 못하는 것까지도 모두 보고 계십니다. 다른 유혹들의 경우엔, 나 자신을 점검할 수 있는 근거를 지니고 있었습니다. 하지만 이 유혹의 경우, 나는 어떤 근거도 갖고 있지 않습니다. 내 생각을 통하여, 나는 육체의 기쁨과 무익한 호기심을 억제할 수 있습니다. 이 유혹들을 물리치는 순간, 나는 승리를 확신합니다. 죄가 될 수도 있는 것들은 거부하고 멀리합니다.

그렇지만 그것들을 가지지 않는다는 게 얼마나 힘든 일인지 자문해 봅니다. 부에 대한 욕망이 세 가지 정욕 중 한두 가지, 또는 세 가지 모두를 가지라고 나를 부추길 수 있습니다(요한일서 2장 16절 참고). 영혼이 그것들을 가질지 또는 혐오할지 제대로 분별할 수 없을 경우, 결정을 내리는 순간까지는 물리칠 수도 있습니다. 하지만 칭송을 거절한다는 것은 더더욱 힘든 일입니다. 우리는 칭송 받을지 말지를 결정할 수 있는 능력이 거의 없습니다. 칭송을 전혀 안 받으려면 무능한 삶을 살아야 합니다. 칭송을 받을만한 행위는 모두 포기하고 흉악한 삶을 살아야 합니다. 그렇게 하면 누구나 다 우리를 멸시할 게 틀림없습니다. 하지만 이런 생각을 하고 이런 말을 하는 것 자체가 얼마나 미친 짓입니까? 선한 삶과 선한 행위에 칭송이 뒤따른다 할지라도, 우리가 선한 삶 그 자체와 동행하는 게 아닌 것처럼, 그것과의 동행을 결코 피해서도 안 됩니다. 그러나 내가 어떤 것을 죄스럽게 처리하고 있는지, 아니면 적절한 균형을 이루고 있는지, 어떻게 알겠습니까?

오, 주님, 그러면 내가 이 유혹에 얼마나 잘 맞서고 있는지, 과연 어떻게 고백해야 합니까? 여전히 칭송 받는 것을 기뻐하지만, 칭송보다는 진리를 더 많이 기뻐함을 고백합니다. 만일 누군가가, 진리에 관해 광적인 실수를 저지를 경우 남들의 호의를 좀 더 많이 얻게 될 것이라고 제안한다면, 나는 기꺼이 그 시험을 통과하겠습니다.

거짓말과 진리 사이에서 과연 무엇을 택할 것인지 나는 잘 압니다. 그리고 옳은 일을 행할 때 다른 사람의 칭찬 때문에 더 많은 기쁨을 누려서는 안 된다고 생각합니다. 하지만 그런 칭찬이 저에게 기쁨을 안겨주고, 반대로 비판은 내 행복을 감소시킨다는 것 역시 인정합니다. 칭찬 받고 싶은 욕구로 마음이 괴로울 때, 나는 이 욕구가 가치 있는 것이므로 용서받을 만하다고 생각하게 됩니다. 하나님, 주님은 아십니다. 하지만 나는 확신할 수 없습니다.

문제는 주님이 그저 우리 감정의 대상들에 관해서만 순결을 명하신 게 아니라는 것입니다. 주님은 우리가 주님뿐만 아니라 우리 이웃까지도 사랑하도록, 의를 요구하십니다. 나는 기쁨과 지적인 칭찬을 맛볼 때, 내 이웃이 보여주는 배려나 연민을 기뻐합니다. 다른 사람에게서 악을 보게 될 경우에는 괴로워합니다. 다른 사람이 제대로 이해하지도 못하면서 비판하거나 선에 대항하여 말하는 것을 들으면 괴롭습니다. 때때로 나는 칭찬을 받는 게 오히려 슬프기도 합니다. 내가 인정하지 않는 것 때문에 칭찬을 받거나, 터무니없이 높은 평가를 받아서 칭찬을 듣는 경우가 그렇습니다.

다시 말하지만, 나는 그것이 미치는 영향을 파악할 수 있을 정도로 좋은 위치에 서 있지 못합니다. 나는 나에 관하여 나와 다른 식으로 칭찬하는 사람을 받아들이지 않겠습니다. 그 사람은 자신에 대한 나의 관심에 영향을 받았기 때문입니다. 내가 내 삶에서 칭찬을 받을 만한 일이라고 판단한 것이 다른 사람에게는 기쁨을 주지 않을 수도 있습니다. 나 자신의 판단에 맞게끔 칭찬 받지 못할 경우, 칭찬 받았다는 느낌이 전혀 안 듭니다. 내가 칭찬을 받아야 한다고 생각하는 것보다 더 많은 칭찬을 받는다든가 또는 내가 싫어하는 것들에 대해 칭찬을 받을 경우, 나는 그 칭찬이 전혀 기쁘지 않습니다. 오히려 나 자신을 의심하게 됩니다.

오, 진리여, 주님 안에서 내가 압니다. 나 자신을 위하여, 나 자신의 칭찬에 감동을 받아서는 안 된다는 사실을. 오히려 나는 내 이웃의 유익을 위하여 칭찬을 받아야 합니다. 그것이 나의 욕구인지 아닌지는 결코 확실치 않습니다. 이 시점에서 나는 주님에 관한 것보다도 나에 관한 것을 더 모릅니다. 오, 나의 하나님, 내가 주님께 간구합니다. 내가 확실히 알게 해주옵소서. 나 자신이 불구라는 것을 깨달은 그곳에서, 나를 위해 기도하는 내 형제에게 고백하고 싶습니다. 좀 더 부지런히, 한 번 더 나 자신을 점검하게 하옵소서. 만일 내가 칭찬을 받을 때 이웃의 유익으로 인해 감동을 받는다면, 다른 사람이 부당한 비판을 받는 것을 들을 때에는 어째서 나를 향한 비판을 듣는 것보다 덜 괴로운 것입니까? 똑같은 부정을 저질렀는데도 다른 사람에 대한 비난보다는 나에 대한 비난을 듣는 게 더 괴로운 이유가 무엇입니까? 아무 것도 모르면서 그저 나 자신을 속이고 내 마음과 혀로 주님 앞에 진실을 아뢰는 것을 회피하는 것뿐입니까?

오, 주님, 이러한 광기를 내게서 거두어 주옵소서. 나의 입이 내 머리에 부을 죄인의 기름이 되지 않게 하옵소서. 나는 가난하고 부족한 사람입니다. 하지만 나는 나 자신을 불만스럽게 여기며, 주님의 자비가 필요하다는 사실을 잘 알기에 은밀히 신음하고 있습니다. 그러므로 나는 가장 선한 사람입니다. 이렇게 하여, 불완전한 상태에서 나에게 부족했던 것들이 더 새로워지고 더 완전해졌습니다. 이제 나는 교만한 이들의 눈이 절대로 알 수 없는 평화를 향해 나아갑니다.

이제까지 내가 내 죄의 병에 관해 생각해 보았습니다.

그 세 가지 정욕 때문에 나는 주님께 도움을 청했습니다.

주님의 오른손을 펼쳐서 나를 도와주옵소서.

내가 상한 마음으로 주님의 밝은 빛을 붙잡았습니다.

그 빛에 따라 밀쳐진 내가 주님께 말했습니다. "누가 영광을 받을 수 있겠습니까? 나는 주님의 눈앞에서 치워졌습니다."

주님은 모든 만물 위에 주재하시는 진리이십니다.

하지만 나는 탐욕에도 불구하고 결코 주님을 떠나보내지 않겠습니다. 내가 잘하고 있다는 거짓말로 주님께 매달리려 애쓸 것입니다. 하지만 그 누구도 이런 식으로 거짓에 따라 주님의 존재를 가질 수 없습니다. 그리고 나는 진리에 대해 그 정도로 무지하지 않습니다. 따라서 나는 주님을 잃어버렸습니다. 주님은 거짓말로 주님을 소유하도록 내버려두지 않으실 것입니다.

나를 주님께로 중재시켜 줄 사람을 어디에서 찾을 수 있었겠습니까? 내가 과연 천사나 기도자나 성례전을 이용할 수 있었겠습니까? 주님께로 돌아가고자 애쓴 사람들은 대개가 그런 방법으로는 불가능하다는 사실을 깨달았습니다. 적어도 나는 그렇게 들었습니다.

그들은 기이하고 신비로운 환상을 통해 주님께 도달하고자 했습니다. 주님은 그것들이 — 현혹시키는 데 — 쓸모 있다고 생각하셨습니다. 그들은 오만한 방황 속에서, 학식의 교만을 통해 주님을 찾고자 했습니다. 자기 가슴을 호되게 내리친 게 아니라 오히려 부풀렸습니다. 마음의 동의를 받아서, 스스로를 공중의 권세를 잡은 통치자, 자기 교만의 공모자로 삼기에 이르렀습니다. 마술 같은 영향력으로 인해 그만 바보가 되고 말았습니다. 그들은 자신을 깨끗하게 정화시켜 줄 중재자를 찾아 다녔습니다. 하지만 아무도 없었습니다.

그들이 찾아낸 건 광명의 천사로 가장한 악마였습니다. 악마가 그들의 교만한 육체를 너무나도 잘 속였기 때문에, 그들은 육체가 전혀 없는 누군가를 발견했습니다. 그들은 곧 죽을 죄인입니다. 하지만, 주님, 그들이 교만하게 중재 받고자 하고 있는 주님은 영원한 분이시고, 죄도 없는 분입니다.

하나님과 인간을 중재하려면 하나님과 닮은 게 있는 동시에 인간과도 닮은 게 있어야 합니다. 오직 인간만을 닮은 중재자는 하나님과 너무 동떨어질 수 있습니다. 반대로 오직 하나님만을 닮은 중재자는 자신이 중재해야 할 인간과 너무 다를 수 있습니다. 그렇게 기만적인 중재자는 오직 한 가지만을 인간과 공유합니다. 오직 죄만을 공유하고 있는 것입니다. 그 중재자의 영적 존재는 하나님과 뭔가 같은 것을 공유하고 있는 것처럼 보일지도 모릅니다. 하지만 죽을 운명의 육체를 입을 수 있는 능력이 없다면, 그 중재자는 오로지 자신의 영원불멸을 이용하는 것뿐입니다. 죄의 삯은 사망입니다. 그 중재자는 이것을 인간과 함께 공유하고 있습니다. 인간과 함께 그 중재자도 죽을 운명에 처해 있는 것입니다(로마서 6장 23절 참고).

하지만 죽어야 할 죄인들과 영원하시고 의로우신 분 사이에 진정한 중재자가 나타나셨습니다(빌립보서 2장 1-13절 참고). 그분은 주님이 겸손한 이들에게 보여 주었던 은밀한 자비 가운데 오셨습니다. 우리도 똑같은 겸손을 배울 수 있도록 본을 보여 주라고 보내심을 받았습니다. 하나님과 인간 사이에는 오직 한 분의 중재자가 계십니다. 바로 인간이신 예수 그리스도십니다. 그분은 인간처럼 죽을 운명입니다. 그리고 그분은 하나님처럼 정의로우신 분입니다. 정의의 삯은 생명과 평화이므로, 그분의 정의는 하나님과 연합하여, 이제는 정의로워진 죄인들의 죽음을 없애 주셨습니다. 그분은 기꺼이 죄인들과 더불어 정의를 붙잡으셨습니다. 그리하여 옛 성도들에게 알려지셔서, 그들이 그분의 미래의 수난에 대한 믿음으로 구원을 받을 수 있게 하셨습니다. 우리는 과거의 수난에 대한 믿음을 통해서 살고 있습니다. 인간이신 그분은 중재자셨습니다. 말씀이신 그분은 하나님과 인간 사이의 어디쯤에 거하는 분이 아니라 하나님과 동등하신 분이었습니다. 하나님과 함께 계신 하나님이셨습니다. 한 분이신 하나님 안에 함께 거하셨습니다.

선하신 아버지, 주님이 저희를 얼마나 사랑하셨습니까?

주님은 독생자까지도 아끼지 않으셨습니다.

신앙이 없는 저희를 위하여 그분을 내주셨습니다!

그분 안에서 주님이 저희를 얼마나 사랑하셨습니까?

주님은 그분에게서 주님과의 동등함을 빼앗아 버리셨습니다.

그분이 십자가의 죽음까지도 순종하게 하셨습니다.

그분 홀로 죽은 이들 가운데서 해방되셨습니다.

오직 그분만이 그분의 생명을 버릴 수 있는 능력을 갖고 계셨습니다.

오직 그분만이 생명을 다시 취할 수 있는 능력을 갖고 계셨습니다.

그분은 승리자이자 희생자입니다. 희생자이기 때문에 승리자가 되셨습니다.

그분은 제사장이자 희생제물입니다. 희생제물이기 때문에 제사장이 되셨습니다.

그분은 주님에게서 나시고 저희의 종이 되셨습니다.

그러므로 나의 소망은 그분 안에서 굳세어집니다. 주님은 주님 우편에 앉아서 우리를 위해 중재하시는 그분으로 말미암아 내 모든 약점들을 고쳐 주실 것입니다. 그렇지 않을 경우 나는 절망에 빠지고 말 것입니다. 약점이 너무나도 많고 크기 때문입니다. 하지만 아무리 약점이 많고 크다 할지라도, 주님의 치료제는 효험이 있습니다. 우리는 주님의 말씀이 인간과, 그리고 절망과 연합하리라고는 상상조차 못했을 것입니다 — 그분이 육신이 되어 우리 가운데 거하지 않으셨다면 말입니다(요한복음 1장 14절 참고).

내 죄로 인해 내가 깜짝 놀랐으며, 내 불행의 무게 때문에 내가 짓눌렸습니다. 그리하여 내 마음을 내던지고 광야로 달아나기로 작정했습니다. 하지만 주님은 내가 떠나지 못하도록 막으시고, 나를 더 굳세게 만들어 주셨습니다. "그리스도께서 모든 사람들을 위하여 죽으신 것은, 이제부터는 살아 있는 사람들이 자기 자신들을 위하여 살아가도록 하려는 것이 아니라, 자기들을 위하여서 죽으셨다가 살아나신 그분을 위하여 살아가도록 하려는 것"이라고 저에게 말씀해 주셨습니다(로마서 5장 6-8절 참고).

　주님, 보옵소서. 내가 살기 위해 내 모든 염려를 주님께 맡기고, 주님의 율법 안에서 놀라운 것을 숙고하겠습니다(시편 119편 18-20절 참고). 주님은 내 무지와 병을 아시니, 나를 가르쳐 주시고, 나를 고쳐 주옵소서. 모든 지혜와 지식의 보화를 숨기고 계신 주님의 독생자 그분이 그 피로 나를 구속하여 주셨습니다(골로새서 2장 1-3절 참고). 교만한 이들이 나를 비방하지 않게 하옵소서. 내가 내 속죄에 대해 묵상하고, 먹고 마시고, 이야기합니다. 나는 그분으로 인해 배가 부른 가난한 이들 가운데 하나가 되겠습니다(시편 22편 26절 참고). 배불리 먹은 그들과 하나가 되어, 그분을 찾는 이들과 함께 주님을 찬양할 것입니다.

제 14 장
하늘과 땅

제 14 장
하늘과 땅

"태초에 주님이 하늘과 땅을 창조하셨습니다."

모세가 우리에게 이렇게 말했습니다. 그는 기록하고 떠났습니다. 주님으로부터 와서, 주님에게로 갔습니다. 그는 이제 내 앞에 없습니다. 만일 그가 있다면, 나는 그를 붙들고 이것에 관해 물어 보았을 것입니다. 그에게 이 신비를 좀 더 가르쳐 달라고 간청했을 것입니다. 내 육신의 귀를 그의 입에서 터져 나오는 음성에 가까이 가져갔을 것입니다. 그가 만일 히브리어로 말한다면, 내 감각을 공허하게 때리기만 할 것입니다. 내 정신에는 아무 것도 닿지 못할 것입니다. 하지만 만일 라틴어로 말한다면, 그가 하는 말을 알아들을 것입니다.

하지만 그가 진실을 말하는 건지 아닌지, 내가 어떻게 알겠습니까? 만일 안다 할지라도, 그가 어떤 식으로 진리를 받았는지 어떻게 알 수 있겠습니까? 사실 내 안, 내 생각의 방에서는, 진

리란 히브리어도 아니고, 그리스어도 아니고, 라틴어도 아닙니다. 그 어떤 나라의 말도 아닙니다. 어떤 언어로 모세의 말을 듣는다 할지라도, 내 정신은 목소리나 혀나 음절이 전혀 없이, "그것은 진실이야"라고 말할 것입니다.

나는 확신에 차서 주님의 종에게 이렇게 말할 것입니다. "주님은 지금 저에게 진실을 말하고 있군요."

오, 진리여, 저는 모세를 조사할 수 없습니다. 그러므로 제가 지식을 간구할 수 있는 분은 오직 주님뿐입니다. 모세가 진실을 전할 때 그를 가득 채웠던 것은 바로 주님의 진리였습니다. 나의 하나님, 제가 간구합니다. 저의 죄를 용서하여 주옵소서. 그런 다음 주님이 그 종에게 주셨던 것처럼, 저에게도 이해력을 주옵소서.

보옵소서. 하늘과 땅이 존재합니다. 존재가 외칩니다. 자기들은 변화와 변동 속에서 창조되었다고. 창조되지 않은 것들은, 이전에 안 가지고 있었던 것들을 새로 가질 수 없습니다. 만일 창조되지 않은 게 있을 수 있다면, 변하거나 바뀌는 일이 결코 없을 것입니다. 피조물 자체가 자기들은 스스로를 만들어낼 수 없다고 선포합니다. "우리가 존재하는 것은 창조되었기 때문이야. 창조되기 전에는 존재할 수 없었어. 그러니까 스스로를 만들어낼 수도 없었지."

다음과 같이 말하는 이들의 음성이 그 승거입니다.

주님, 주님이 그것들을 창조하셨습니다.

그것들이 아름답기에, 주님은 아름다우신 분입니다.
그것들이 선하기에, 주님은 선하신 분입니다.
그것들이 존재하기에, 주님은 존재하시는 분입니다.
하지만 그것들은 창조주이신 주님만큼 아름답지도 못하고, 선하지도 못하고, 존재하지도 못합니다. 주님과 비교한다면 그것들은 아름답지도 않고, 선하지도 않으며, 존재하지도 않습니다.
저희가 이것을 잘 압니다.
주님께 감사를 올립니다.
그리고 주님의 지식과 비교한다면, 저희의 지식은 무지에 불과합니다.
주님은 어떻게 하늘과 땅을 창조하셨습니까? 강력한 창조의 원동력은 무엇이었습니까? 자기 마음의 지혜에 따라 하나로부터 다른 하나를 만들어내는 장인과는 다릅니다.
인간의 이해력은 내면의 눈으로 처음 본 생각에 따라 어느 정도 형태를 만들어낼 수 있습니다. 하지만 주님이 그 마음속에 만들어 주지 않으신다면, 장인도 정신적인 그림을 만들어내지 못할 것입니다. 장인은 진흙이든, 돌이든, 나무든, 금이든, 그 밖의 무엇으로 형태를 만들든 간에, 이미 존재하고 있는 형태로부터 생각을 끌어옵니다. 만일 주님이 먼저 결정하지 않으셨다면, 어떻게 그 형태들이 존재할 수 있었겠습니까? 주님은 장인의 육체도 창조하신 분입니다. 주님이 그의 사지더러 존재하라고 명령하셨습니다. 그가 무엇을 만들든지 간에, 주님이 이미 그것을 만드셨습니다. 주님이 그의 정신에게 이해력을 주셨습니다. 그 이해력으로 그가 자신의 기술을 습득하고, 정신의 내부를 해석합니다. 주님이 그의 몸에 주신 감각으로 그가 정신적 형상을 자신이 만들어내는 실재로 해석합니다. 감각은 정신의 외부에 존재합니다. 하지만 창조세계 도처에 존재하는 진리의 조언을 구하기 위하여 내부로 들어갈 수도 있습니다.

 이 모든 것들이 만물의 창조주이신 주님을 찬양합니다. 하지만 주님은 어떻게 그것들을 창조하셨습니까? 오, 하나님, 어떻게 하늘과 땅을 만드셨습니까? 하늘에서 하늘을 만드신 것도 아니고, 땅에서 땅을 만드신 것도 아닙니다. 공기나 물을 주님의 일터로 삼으신 것도 아닙니다. 이것들 역시 하늘과 땅에 속해 있었으니까요. 이 세상 어느 곳에서도 주님은 세계를 창조하지 않으셨습니다. 전 세계가 창조되기 이전에는, 그것을 만들 만한 장소가 그 어디에도 없었습니다. 주님의 손에는 하늘과 땅을 만들 만한 재료도 들려 있지 않았습니다. 무언가를 만들기 위한 재료가 하나도 없는데, 도대체 어디에서 구하셨습니까? 주님이 존재한다는 것 말고, 그 무엇이 또 있을 수 있었겠습니까? 주님이 말씀하시자 그것들이 창조되었습니다. 주님은 말씀으로 그것들을 창조하셨습니다.

 그러면 주님은 어떻게 말씀하셨습니까? 구름 속에서 "이는 나의 사랑하는 아들이라" 하는 음성이 들려왔던 것처럼 말씀하셨습니까?(마태복음 3장 17절; 17장 5절; 마가복음 1장 11절; 누가복음 3장 22절 참고) 그 음성은 사라졌고, 그 소리는 희미해졌습니다. 그 말씀은 시작되었다가 끝났습니다. 그 억양은 들렸다가 사라졌습니다. 마지막 말씀이 침묵하는 그 순간까지 하나하나 차례대로. 주님의 피조물 중 하나의 동작에서 이 말씀의 원천을 발견했다는 것은 수많은 기사들을 통해서 볼 때 확실합니다. 주님의 영원하신 뜻을 섬기기 위해 일시적인 것들은 일시적인 말씀을 드러냅니다.

이렇게 임시로 창조된 말씀은, 주님의 영원하신 말씀을 듣기 위해 내면의 귀를 기울이고 있는 지적인 영혼에게, 외면의 귀를 통해 전달되었습니다. 하지만 그 귀는 이 말씀과 주님의 영원하신 말씀이 침묵 속에 말씀하신 것을 서로 비교하였습니다.

영원하신 말씀이 말씀하셨습니다. "네가 지금 듣고 있는 소리는 다르다. 완전히 다르다. 이 말씀은 나보다 훨씬 아래에 있으며, 궁극적인 존재를 지니지도 못한다. 이 말씀은 멀리 도망치고 사라진다. 하지만 그 말씀은 영원히 만물 위에 거하실 것이다."

하지만 만일 주님이 하늘과 땅의 창조를 명령하신 말씀이 일시적인 말씀이었다면, 하늘과 땅 이전에도 분명히 물질적인 피조물이 존재했을 것입니다. 이 소리의 중재자가 주님의 영원하신 음성에 조만간 동작을 부여해야 했을 것입니다. 그렇게 함으로써 그 명령의 권위는 그 음성 안에서 조만간 완성될 수 있었을 것입니다.

그러나 우리는 하늘과 땅 이전에 일시적인 어떤 게 있었다는 언급을 찾아볼 수가 없습니다. 그런 게 있었다면, 주님은 분명히 창조를 위하여 그렇게 일시적인 음성을 필요로 하지 않으셨을 것입니다(요한복음 1장 3절; 요한계시록 4장 9-11절; 골로새서 1장 16-20절 참고). 또한 주님의 첫 명령은 "하늘과 땅이 있으라"라는 말로 이 음성을 만들 필요가 없었을 것입니다. 주님이 만들지 않으셨다면 이 음성을 만들 수 있는 게 아무 것도 없기 때문입니다. 주님의 능력이 아니었다면 그것은 전혀 존재하지도 않았을 것입니다. 이 말씀을 만들 만한 우주가 존재하기 전에, 주님은 과연 무슨 말씀으로 하나의 물체를 존재하게 하였습니까?

주님은 말씀을 이해하라고 우리를 부르십니다.

하나님은 하나님과 함께 계시며, 말씀은 영원히 말씀하십니다.

영원하신 말씀으로 인해 만물이 영원히 말해집니다.

말해지는 것들은 연속적인 소리가 아니었습니다.

소음의 연속적인 행진도 없었습니다.

소리에 이어 다음 소리가 따라왔던 게 결코 아닙니다.

아니, 모든 것들이 한꺼번에 말해졌습니다.

모든 것들이 영원히 말해졌습니다.

그렇지 않았다면, 우리는 여전히 시간과 변화를 지니고 있으면서도 진정한 영원이나 진정한 불멸을 지닐 수가 없었을 것입니다. 오, 나의 하나님, 내가 이것을 잘 압니다. 그러기에 내가 감사를 드립니다. 주님, 내가 그것을 압니다. 그러므로 진리 안에서 확신을 얻은 다른 모든 사람들처럼, 주님께 축복과 감사로 고백합니다.

우리는 압니다. 예전에는 있었지만 더 이상 존재하지 않는 것들을 아는 것과 마찬가지로, 우리가 압니다. 주님이 아니라 우리의 입장에서 보면, 옛날에 존재했던 사물이 지금은 존재하지 않습니다. 예전에는 존재하지 않았던 사물이 지금은 존재합니다. 사물들이 죽고 되살아납니다. 하지만 주님의 말씀이 한 가지를 만들어낸 다음 나중에 다른 뭔가로 대체되는 것은 결코 아닙니다. 주님의 말씀은 진실로 죽지 않으며 영원하기 때문입니다.

그러므로 주님은 존재하는 말씀을 통해 한 번에, 영원히 말씀하십니다. 그 존재는 주님의 영원하신 명령 안에 거합니다. 주님이 존재하라고 말씀하신 것은 주님이 정하신 순간에 그 존재를 발견합니다. 주님은 창조의 명령에서 능력의 말씀을 통하지 않고서는 아무 것도 창조하지 않으셨습니다.

비록 존재하는 것들이 그 존재를 주님이 영원한 시간에 내리신 명령 안에서 붙들고 있다 할지라도, 주님이 선택하신 순간에 함께 생겨난 것은 무엇입니까? 주님이 만물을 한꺼번에 창조하시고 말씀으로 그것들을 지으신 것은 바로 영원한 현재였습니다.

오, 주님, 주님께 간구합니다. 제가 이것을 이해할 수 있도록 도와주옵소서. 제가 볼 수 있는 것은 표현하기가 무척이나 어렵습니다.

주님의 영원한 이성 안에서 "지금 이 순간" 모든 만물이 한꺼번에 존재하지 않는다면, 나는 많은 것을 이해할 수 없습니다. 나는 사물들이 존재하기 시작했다가 멈추고, 그리고는 또 시작되고 또 멈추는 것을 봅니다. 하지만 나는 주님의 영원한 현재 안에 고정된 한 순간으로부터 보고 있습니다. 주님에게 만물은 오직 한 순간에 불과하지만, 우리의 입장에서 그것들이 언제 시작되고 언제 끝날지 계획을 세우십니다. 주님의 입장에서 보자면, 아무 것도 진짜로 시작되고 끝나지 않습니다.

이것은 주님의 말씀입니다. 그것은 태초에도 있었으며, 지금도 우리에게 말씀하십니다. 복음서 안에서는 그분이 육체를 가지고 말씀하십니다. 이 말씀은 밖으로는 인간의 귀에서 들렸으며, 안으로는 영원한 진리로 믿어지고, 추구되고, 발견될 수 있었습니다. 이 진리 안에서 선하고 유일하신 주인이 모든 제자들에게 가르치십니다. 그리고 이제, 주님, 주님이 말씀하시는 것을 내가 듣습니다. 우리를 가르치시는 그분이 지금 우리에게 말씀하십니다. 하지만 우리를 가르치지 않는 사람은, 그분이 말씀하시는 것처럼, 우리에게 아무 말도 하지 않습니다. 누가 우리를 가르치겠습니까? 오로지 변함없으신 진리뿐입니다.

우리는 변하기 쉬운 피조물을 통해서도 훈계를 받을 수 있습니다. 기껏해야 인간이 할 수 있는 일은 우리를 변함없으신 진리에게로 인도하는 것뿐입니다. 그것은 우리가 진정으로 듣고 배울 수 있는 유일한 수단입니다. 신랑의 음성을 듣고 기뻐할 수 있는 유일한 수단입니다. 오직 진리만이 우리가 속해 있는 그분께로 우리를 중재해줄 수 있습니다.

우리는 태초로 돌아가야 합니다. 이 신뢰할 수 있는 시간이 아직까지 존재하지 않는다면, 우리가 방황하다가 되돌아갈 만한 곳이 전혀 없습니다. 죄에서 벗어나 다시 돌아갈 길을 찾기 위해서 우리는 알아야 합니다. 그리고 우리가 알 수 있는 것은 바로 영원하신 말씀이 존재하기 때문입니다. 그분만이 태초에 존재하시므로, 그분만이 우리를 가르치십니다. 오직 그분 안에서만 태초가 우리에게 말을 할 수 있습니다.

오, 하나님, 이 태초에, 주님은 하늘과 땅을 창조하셨습니다.

주님의 말씀 안에서,

주님의 아들 안에서,

주님의 능력 안에서,

주님의 지혜 안에서,

주님의 진리 안에서.

주님은 경이롭게 말씀하셨고, 경이롭게 창조하셨습니다.

그 누가 이해하겠습니까? 그 누가 선포하겠습니까?

나를 통해 비추는 것이 무엇입니까?

상처 없이 내 마음을 때리는 것은 무엇입니까?

무엇이 나를 몸서리치게 하고, 달아오르게 하고, 흥분하게 합니까?

이 힘은 나와 너무나도 다릅니다. 그래서 내가 몸서리를 칩니다.

하지만 이 힘은 내가 닮도록 창조된 바로 그것입니다. 그래서 내가 흥분합니다.

여기에 지혜가 있습니다. 지혜가 나를 통해 빛나고, 내 주변을 여전히 둘러싸고 있는 안개를 제거해 줍니다. 내가 처벌을 견디기 위해 애쓰다가 결국은 어둠 속에서 기절합니다. 내 힘은 나의 거대한 욕구 속에서 쇠약해지고 있습니다. 내가 이제 더 이상 버틸 수 없는 한계에 도달했습니다.

주님, 바로 이 한계 상황에서, 주님은 은총 가운데 오십니다. 그리하여 나의 모든 죄를 용서해 주시고, 모든 병을 고쳐 주십니다. 생명을 파멸에서 속량해 주시고, 사랑과 자비로 복을 베풀어 주십니다. 평생을 좋은 것으로 흡족히 채워 주시고, 내 젊음을 독수리처럼 늘 새롭게 해주실 것입니다(시편 103편 1-5절 참고). 우리가 소망 가운데 구원을 받으므로, 주님의 약속이 이루어질 때까지 인내하며 기다립니다.

내면의 귀를 기울일 수 있는 이는 주님의 말씀을 듣게 하옵소서. 내가 주님의 신탁을 담대히 외칩니다. "주님, 주님이 손수 만드신 것이 어찌 이리도 많습니까? 이 모든 것을 주님이 지혜로 만드셨습니다"(시편 104편 24절 참고).

이 지혜는 태초이며, 그 태초 안에서 주님의 영원하신 말씀이 하늘과 땅을 창조합니다.

옛 죄의 본성으로 가득 찬 이들의 어리석은 말을 들어 보옵소서. 그들이 우리를 비웃으며 이렇게 묻습니다. "하나님은 하늘과 땅을 창조하기 전에 뭘 하고 계셨느냐?" 또 그들이 계속해서 묻습니다. "만일 고용된 상태가 아니어서 아무 일도 안 하고 계셨다면, 어째서 지금은 영원히 고용된 상태에 머물러 계셔야 한단 말이냐? 어째서 예전처럼 아무 일도 안 하고 계실 수는 없단 말이냐? 예전에는 한 번도 그런 일을 하고 싶은 충동을 느끼지 않으셨으면서, 갑자기 새로운 동작을 발전시키거나, 어떤 피조물을 창조하고 싶으셨다더냐?"

그런 식의 추론이 어떻게 실제적인 영원에서 벌어지는 일들에 적합하겠습니까? 영원하신 하나님께서 예전에는 안 가지고 계셨던 소망을 갑자기 발견하시겠습니까? 하나님의 뜻은 하나님의 생각 속에서 형성되는 하나의 피조물이 아닙니다. 하나님의 뜻은 예전에도 있었으며, 모든 피조물의 기초가 됩니다. 창조주의 뜻에 따라 행위가 뒤따르지 않았다면 그 무엇도 창조되지 못했을 것입니다. 그러므로 창조주의 뜻은 그분의 본질 자체에 속해야만 합니다. 그리고 만일 어떤 것이, 늘 존재하지 않았던 어떤 새로운 뜻의 행위에 따라 생겨났다면, 하나님의 본질은 결코 변함없이 영원한 것이라고 말할 수 없을 것입니다.

어떤 사람은 이 말에 반대할지도 모릅니다. "글쎄, 만일 피조물이 존재해야 한다는 하나님의 뜻이 영원으로부터 계속 있었다면, 피조물도 영원으로부터 계속 있었어야지."

오, 영혼의 빛이 되시는 신적인 지혜여, 이런 식으로 말하는 사람은 아직 주님을 이해하지 못한 것입니다. 그런 사람은 피조물이 창조주와 무슨 관계에 있는지를 아직 잘 이해하지 못하는 사람입니다. 그렇게 피상적인 사람들은 과거와 현재와 미래라는 시간 개념 사이에서 마음이 갈팡질팡하는데도, 영원한 진리를 이해하려고 애를 씁니다. 하지만 이런 시간개념은 본질적으로 불안정합니다. 저희가 끊임없이 변화하는 이런 시간 개념을 붙잡아 고정시킬 수 있겠습니까? 그렇게 고정시킨 영원의 영광을 잠시라도 일별할 수 있을 정도로 과연 마음을 가라앉힐 수 있겠습니까?

정의상 영원이란 것은 고정되어 있으며, 우리가 경험하는 순간들, 절대로 고정되어 있지 않은 순간들과 결코 비교할 수 없습니다. 오랜 시간이 오래 되었다는 것을 우리가 어떻게 알 수 있습니까? 우리는 수많은 동작들과 변화들이 지나가는 것을 감지합니다. 아무런 동작이나 변화도 일어나지 않는다면, "시간"이라고 부를 만큼 긴 순간도 존재할 수 없을 것입니다. 영원의 영역에서는 모든 것이 현재여야 합니다. 우리의 정신으로는 그런 현재의 전체성 속에 존재하는 시간을 상상조차 할 수 없습니다. 우리의 입장에서 보면, 과거의 모든 시간은 미래의 시간에 따라 뒤로 밀려나며, 미래의 모든 것들은 과거에 뒤따라옵니다. 하지만 하나님의 창조 시간표에서는, 모든 과거와 미래가 다 하나의 계획이며, 하나의 현재로부터 비롯된 것입니다.

그 누가 인간의 마음을 고요하게 붙들어, 과거나 미래가 없이 어떻게 영원이 지속되는지를 볼 수 있게 하겠습니까? 그 누가 과거와 미래의 시간을 설명할 수 있겠습니까? 내 손이 마음을 고요하게 붙들 수 있겠습니까? 내 입이 말을 통해 그런 위대한 일을 할 수 있겠습니까?

어떤 이들은 이렇게 묻습니다. "하나님이 하늘과 땅을 창조하기 전에는 무엇을 하셨느냐?" 그러면 나는 경솔하게 이런 식으로 대답하지 않을 것입니다. "신비를 캐는 이들을 위해 지옥을 예비하고 계셨지." 그런 대답은 질문의 진지함을 거부하는 것입니다. 질문은 탐구하기 위한 것인데, 대답은 탐구자를 조롱하는 것입니다. 그런 대답은 결코 적절한 대답이 아닙니다. 우리의 상상력을 완전히 초월하는 문제들에 관하여, 심오한 질문을 제기하는 사람을 바보취급하기보다는, 차라리 "나도 몰라"라고 대답하는 것이 더 나을 것입니다. 자기도 모른다는 사실을 감추기 위해 대답을 제멋대로 만들어내는 이를 결코 칭찬해서는 안 됩니다.

내가 말할 수 있는 것은, 우리의 하나님인 주님께서 모든 피조물을 창조하셨다는 것입니다. 하지만 만일 모든 피조물이 "하늘과 땅"의 범주에 들어간다면, 나는 담대히 말할 것입니다. 하나님은 하늘과 땅을 창조하시기 전에 아무 것도 만들지 않으셨다고 말입니다. 만일 그분이 뭔가를 만드셨다면, 그것 역시 피조물에 불과합니다.

나는 온갖 정보를 다 갖고 있는 게 아닙니다. 물론 모든 걸 다 안다면 유익하겠지요. 하지만 이것만은 확신합니다. 피조물이 만들어지기 전에는 그 어떤 피조물도 만들어지지 않았다는 것을 말입니다.

창조 이전의 과거에 대해 상상 속을 헤매면서, 만물을 창조하신 전능하신 하나님 주님이 왜 그 긴 세월 동안 하늘과 땅을 창조하는 것처럼 위대한 일을 계속 미루고 계셨을까 궁금해 하는 것은 정말로 엉뚱한 짓입니다.

  이렇게 꿈만 꾸고 있는 이들이 얼른 깨어나, 그런 궁금증은 어리석은 교만에 불과하다는 사실을 깨닫게 하옵소서. 주님이 세월을 만드시기 전에, 이렇게 긴 세월이 도대체 어디에서 나왔 겠습니까? 주님은 모든 세월의 창시자, 창조자가 아니십니까? 주님이 창조하지 않으신 시간이 과연 어디 있었겠습니까? 객관적인 존재도 없이 어떻게 시간이 흐를 수 있었겠습니까? 주님은 모든 시간의 창조주이십니다. 그러므로 만일 주님이 하늘과 땅을 창조하시기 전에 어떤 시간이 존재했다면, 주님이 일을 하지 않으셨다고, 어떻게 말할 수 있겠습니까? 주님은 그 시간을 창조해야만 했을 것입니다. 그 시간은 주님 안에서 그 존재를 발견했을 것입니다. 그 시간 가운데 어떤 한 순간도, 주님이 만일 그것을 대체할 다음 순간을 예비해 주지 않으셨다면, 결코 흘러가지 못했을 것입니다.

  하늘과 땅이 생겨나기 전에 시간도 전혀 없었다면, 그 때 주님이 어떻게 시간을 보내고 계셨는지, 인간이 어째서 알고 싶어 하는 걸까요? 시간이 없었다면, "그 때"도 결코 없었을 것입니다.

  주님의 존재는 지나가는 순간 속에 거하지 않습니다. 그러므로 주님은 시간 안에서 시간을 앞서지 않으셨습니다. 그렇지 않았다면 주님 자신도 시간 앞에 존재하지 못하셨을 것입니다. 물론 주님은 영원히 존재하는 영원의 위대함 가운데 과거의 모든 것들보다 앞서신 분이며, 미래에 우리에게 존재할 모든 것들을 능가하시는 분입니다. 우리에게는 미래도 그냥 왔다 갈 것이지만, 주님께는 미래가 지금 이 순간처럼 수많은 현재입니다.

주님은 지금부터 그때까지 결코 변하지 않으십니다.

주님의 햇수에는 끝이 없습니다. 가지도 않고 오지도 않습니다. 하지만 저희의 햇수에는 반드시 끝이 있습니다.

저희의 햇수는 모두 다 나타날 때까지 계속될 것입니다.

주님의 햇수는 한 분 안에 존재하므로 모두 함께 존재합니다.

한 해가 다음 해에 따라 밀려나지 않습니다.

그러므로 저희의 해가 더 이상 존재하지 않을 때에도 주님의 해는 지나갈 수 없습니다.

주님의 해는 하루입니다.

주님의 날은 오직 오늘뿐입니다.

주님의 오늘은 내일의 여지가 전혀 없습니다.

그 어떤 어제도 대신하지 않습니다.

주님의 오늘은 영원입니다.

바로 이런 의미에서 주님은 영원히 공존하는 분을 낳으시고, 그분께 이와 같이 말씀하셨습니다. "오늘 내가 너를 낳았도다." 하지만 주님은 오직 한 분으로서 모든 만물을 창조하셨습니다. 모든 시간이 존재하기 이전에도 주님은 존재하십니다. 주님의 존재 앞에서 시간이 존재하기 이전에는 그 어떤 시간도 존재하지 않았습니다.

주님이 어떤 것을 창조하시기 전에는 시간도 존재하지 않았

제4장 하늘과 땅

습니다. 시간 그 자체가 주님이 창조하신 것의 일부분이기 때문입니다. 그러므로 시간이 주님과 함께 영원히 공존한다고 말하는 것은 어쩌면 틀린 말일지도 모릅니다. 주님의 존재가 충만한 가운데 주님이 머물고 계신다고 말하는 게 차라리 더 나을 것입니다.

나는 주님이 시간으로서 존재하는 방식을 우리가 도저히 상상할 수 없다고 생각합니다. 시간이 무엇입니까? 그 누가 이것을 짧고 쉽게 설명할 수 있겠습니까? 그 누가 그것에 관해 한 마디 말하기는커녕, 이해만이라도 할 수 있겠습니까? 그런데도 우리는 대화를 나눌 때, 얼마나 자주 시간에 관하여 아주 친숙한 것처럼 이야기합니까? 시간에 관해 이야기할 때, 우리는 그것이 의미하는 바를 이해할 수 있으며, 다른 사람이 시간에 관해 이야기하는 것을 들을 때에도, 그것을 둘러싼 의미 있는 생각들을 이해할 수 있습니다.

하지만 내가 다시 묻습니다. 도대체 시간이 무엇입니까? 아무도 묻지 않을 때에는, 내가 그것을 분명히 잘 압니다. 하지만 막상 그것을 묻는 이에게 설명하고자 할 때에는, 내가 아무 것도 모르고 있다는 사실을 갑자기 깨닫게 됩니다. 하지만 나도 조금은 아는 게 있다고 담대히 말합니다. 만일 아무 것도 지나가지 않았다면, 과거의 시간에 관하여 말하는 게 잘못일 것입니다. 만일 아무 것도 존재의 다음 부분에 나타나지 않는다면, 미래도 없을 것입니다. 그리고 만일 아무 것도 현재에 존재하지 않는다면, 현재도 결코 없을 것입니다. 그렇다면 두 개의 시간,

즉 과거와 미래의 존재에 관하여 우리가 뭐라고 말할 수 있겠습니까? 지나간 현재의 것들도 존재하지 않으며, 앞으로 있을 현재의 것들도 존재하지 않습니까? 우리에게 있는 것은 모두 다 지금 현재의 것들입니다. 만일 현재가 하나의 현재에 머물면서 결코 과거의 시간으로 지나가지 않는다면, 분명히 그것은 시간이 아닐 것입니다. 영원일 것입니다.

만일 현재의 시간이 유일한 시간이라면, 그 현재가 과거의 시간으로 지나간 다음에는, 어떻게 현재가 존재한다고 말할 수 있겠습니까? 그것은 오로지 이전의 존재로 나아가기 위해서만 존재할 뿐입니다. 그러므로 시간이 존재한다고 진정 이야기할 수 없는 단 하나의 이유는, 그것이 계속해서 존재하지 않으려는 경향이 있기 때문입니다.

하지만 여전히 우리는 과거의 시간과 미래의 시간을 생각하면서 "오랜 시간"과 "짧은 시간"을 이야기합니다. 뭔가가 오래 전에 생겨났다고 말할 때, 그것이 의미하는 바는 문제의 순간 이후로 우리의 시간이 백 년 정도 흘렀다는 것입니다. 또 뭔가가 오랜 뒤에 생길 거라는 말은, 지금으로부터 백 년 정도가 지난 다음에 생길 거라는 뜻입니다.

얼마 전이라는 말은 열흘 정도 전에 일어난 일이라는 뜻이고, 지금으로부터 열흘 정도 뒤에 무슨 일이 벌어질 것으로 예상될 경우에는, 얼마 후라고 이야기합니다.

그러면 도대체 어떤 의미로 길거나 짧다고 말할 수 있습니까? 과거나 미래의 어떤 사건도 우리의 "현재"에 객관적인 실재를 지니고 있지 않은데 말입니다. 과거는 예전에 존재했으나 더 이상 존재하지 않는 것들에 따라 우리와 분리됩니다. 그리고 미래는 아직 존재하지도 않습니다.

굳이 따지자면, 뭔가가 오래 전에 생겼다고 말해서는 안 됩니다. 차라리 "오랫동안 있어왔다"고 말해야 합니다. 미래에 관해서도 "오랜 뒤에 있을 것이다"라고 말해야 합니다.

오, 나의 주, 나의 빛이여, 주님의 진리가 저희의 단순한 추론을 비웃고 있지는 않습니까? 그렇게 "긴" 과거의 시간이, 과거였을 때 길었습니까, 아니면 현재였을 때 길었습니까? 그것이 생겼을 때는 아주 오래 전이었을지도 모릅니다. 하지만 그것이 과거가 되어버린 지금, 그것은 더 이상 오래 전이 아닙니다. 그 시간은 더 이상 길지 않습니다. 그것은 전혀 존재하지 않습니다. 그러므로 저희는 "과거의 그 시간이 길었다"고 얘기해서는 안 됩니다. 저희는 그것을 찾을 수 없으며, 그것에 관해 오래 전에 있었던 것도 찾을 수 없습니다. 그것이 더 이상 존재하지 않기 때문입니다. 차라리 저희는 "그 현재의 시간이 길었다"고 얘기해야 합니다. 그것이 현재의 시간이었을 때 길게 여겨졌기 때문입니다. 그것이 현재였을 때, 그것은 아직 지나가지 않고 있었습니다. 그러므로 길다고 표현할 수 있을 만한 순간들의 연속이 존재했습니다. 하지만 이것은 더 이상 사실이 아닙니다. 이제는 그 순간들이 과거가 되었으며, 길거나 짧거나 그 어떤 형태로도 더 이상 존재하지 않기 때문입니다.

그렇다면, 사람의 영혼아, 현재의 시간이 길 수 있는지 한 번 살펴보자. 시간을 인식하고 그 길이를 측정할 수 있는 감각이 우리 의식에 주어졌다. 하지만 네가 시간의 판단에 관하여, 내게 어떻게 대답하겠느냐? 백 년은 현재에서 긴 시간이냐? 백 년이라는 시간이 과연 현재일 수 있느냐? 만일 백 년의 첫 번째 해가 현재라면, 딱 그만큼만 현재이고, 나머지 아흔아홉 해는 우리에게 존재하지 않는다. 만일 두 번째 해가 현재라면, 한 해는 이제 과거고, 다른 한 해는 현재며, 나머지 아흔여덟 해는 앞으로 올 미래다. 만일 백 년의 한 가운데 위치한 어느 해가 현재라고 가정해보자. 그렇다면 앞의 절반은 과거고, 뒤의 절반은 미래다. 그러므로 백 년이라는 시간은 결코 현재일 수 없는 것이다.

그렇다면 백년 중 지금 존재하고 있는 한 해는 과연 현재냐? 만일 한 해의 첫 번째 달이 현재라면, 나머지 열한 달은 아직 오지 않은 미래다. 만일 두 번째 달이 현재라면, 첫 번째 달은 이미 과거고, 나머지 열 달은 아직 오지 않은 미래다. 그러므로 현재의 그 어떤 해라 할지라도 전체가 다 "현재"라고 말할 수는 없는 것이다. 열두 달이 모여 한 해를 이루기 때문이다. 그 중 하나가 현재면, 나머지 열한 달은 과거이거나 미래일 수밖에 없다.

날들에 대해서도 이렇게 말할 수 있다. 현재의 한 달이 모두 다 현재일 수는 없다. 우리는 한 달 중에서 오직 하루만 살고 있기 때문이다. 지금 우리가 한 달의 첫 번째 날을 살고 있다면,

나머지 날들은 모두 미래다. 만일 한 달의 마지막 날을 살고 있다면, 나머지 날들은 모두 과거다. 만일 오늘이 한 달의 한가운데라면, 일부는 과거고 일부는 미래다.

이렇게 해서 우리는 오직 현재의 시간만 길다고 할 수 있다는 것을 알았다. 현재의 시간이 어떻게 겨우 하루 정도밖에 안 되는 길이로 단축되는지를 보아라. 그리고 그 하루에 관해서도 검토해보자. 우리는 지금 하루 전체를 살고 있는 것이 아니다. 하루는 낮과 밤, 스물 네 시간으로 이루어져 있다. 지금이 하루의 첫 번째 시간이라면, 나머지는 모두 미래다. 지금이 마지막 시간이라면, 나머지는 모두 과거다. 지금이 하루의 중간이라면, 일부는 과거고 일부는 미래다. 그리고 그 한 시간조차도 순식간의 조각들로 지나가 버린다. 흘러간 순간들은 모두 과거고, 남아 있는 순간들은 모두 미래다.

만일 더 이상 작은 순간들로 나눌 수 없는 시간이 존재한다면, 오직 그 순간만이 정확하게 현재라고 말할 수 있을 것이다. 순간들은 너무도 빨리 미래에서 과거로 흘러가 버린다. 그러므로 어느 한 순간도 우리가 인식할 만큼 충분히 오랫동안 존재할 수 없다. 만일 어느 한 순간이 우리가 충분히 생각할 만큼 길다면, 그것 역시 과거와 미래로 나눌 수 있을 만큼 길어야 할 것이다. 진짜 현재는 과거와 미래 사이에 전혀 틈새가 없다.

그렇다면 우리가 "오래"라고 부를 수 있는 시간이 어디에 있느냐? 미래냐? 미래는 아직 존재하지도 않으므로 오래라고 말할 수 없다. 오로지 "오랜 뒤에 있을 것이다"라고만 말할 수 있다. 그러면 언제 있을 것이냐? 그것이 언제라고 하더라도, 아직 생기지 않은 일이라면, 그리 오랜 후는 아닐 것이다(오랜 후의 일이라면 존재하지 않는 것이나 마찬가지기 때문이다). 미래로부터 나타나 존재하기 시작했을 때, 비로소 오래라고 말할 수 있다. 따라서 그것은 이미 현재가 되기 시작했을 것이다. 하지만 그것이 현재일 때에는, 정확한 의미에서 "오래"라고 말할 수 있을 만큼 충분히 존재하고 있지는 않을 것이다. 마치 시간이 위의 설명과 더불어 자신은 결코 오래일 수 없다고 부르짖는 것 같을 것이다.

제 15 장

살아 있는
영혼

제 15 장
살아 있는 영혼

　주님이 창조하신 모든 만물이 아름답습니다. 하지만 주님이 그것들을 만드셨으니 주님 자신은 말할 수 없을 만큼 더 아름다우신 분임을 나는 알 수 있습니다. 만일 아담이 타락하지 않았더라면, 짠 바닷물이 만물을 파멸하기 위해 그로부터 흘러나올 일도 결코 없었을 것입니다. 하지만 인간이란 족속은 너무나도 호기심이 많고 그 파도가 사나워, 쉴 새 없이 이리저리로 흔들립니다.

　만일 타락이 없었더라면, 주님도 죄의 생각들이 가득한 물속에서 역사하시기 위해 은총을 베풀 이들을 필요로 하지 않으셨을 것입니다. 주님은 감각들을 이용하여 물질적인 방식으로 많은 일들을 행하라고, 그들을 부르십니다. 하지만 주님은 영적인 행위와 말을 더 많이 이용하십니다. 바다에는 기어 다니는 존재도 있고 날아다니는 존재도 있습니다. 마치 그것들처럼 우리도 주님이 인도하십니다. 물질적인 성례전은 우리가 교회에 들어가 헌신할 수 있도록 도와줍니다. 하지만 이것들 자체는 아무런 유익도 줄 수 없습니다. 우리에게는 영성 생활의 지도자도 필요합니다. 승인을 받은 후 우리는 완성을 향해 나아가야 합니다.

주님의 말씀 속에서도 우리는 변하기 쉬운 바닷물의 깊은 흐름을 떠나, 쓰라린 물과 분리된 채 땅 위에서 살아갈 수 있습니다. 우리는 삶을, 물속에서 움직이는 생물로서가 아니라, 땅 위를 걸어 다니는 살아 있는 영혼으로서 경험합니다.

일단 땅 위로 올라오고 나면 세례를 받을 필요가 없습니다. 비록 신앙이 없는 이들은 물속에서 씻겨 주님이 창조하신 하늘 왕국의 유일한 입구로 인도될 때까지 세례를 받아야 하지만 말입니다.

영혼은 이제 더 이상 기적이나 다른 경이로운 것들을 추구하기 위해 방황할 필요가 없습니다. 진정한 믿음은 그런 것들과 다르기 때문입니다. 진정한 믿음은 끊임없는 표적이나 기사를 필요로 하지 않습니다. 이제 신실한 땅은 부정 때문에 썼던 물과 분리되었습니다. 혀는 믿는 이들이 아니라 믿지 않는 이들에게 표적이 됩니다. 그러므로 주님이 물 위에 세우신 땅도, 주님의 말씀을 통해 물이 낳았던 날아다니는 동물을 필요로 하지 않습니다.

주님의 전령들을 통해 주님의 말씀을 이 땅에 보내 주옵소서. 우리는 그들이 성취하는 일에 관하여 이야기할 수 있지만, 주님은 그들 안에서 역사하십니다. 그들의 살아 있는 영혼이 임무를

완수할 때에 주님이 역사하시는 방식으로 말입니다.

땅이 그것의 원천입니다. 바다가 생명을 가지고 움직이는 생명체들과 창공을 날아다니는 새들을 만들어낸 원천이었던 것처럼, 땅은 영혼 속에서 작용하는 원인이기 때문입니다. 땅은 그것을 전혀 필요로 하지 않습니다. 비록 땅이 깊은 곳으로부터 취한 물고기를 먹고 살고, 주님이 믿는 이들 앞에 차려두신 식탁에서 먹는다 할지라도 말입니다. 그러므로 그분은 깊은 곳으로부터 취해졌고, 마른 땅을 먹이실 수 있습니다. 새들은 비록 바다에서 났지만, 지금은 땅 위에서 번성합니다. 복음전도자들의 첫 번째 설교에 따르면, 인간의 부정이 원인이었습니다. 하지만 신실한 이들은 날마다 그들에게 훈계와 축복을 받았습니다. 살아 있는 영혼은 땅으로부터 시작됩니다. 그것은 이 세상의 사랑으로부터 신실한 이들을 지켜내고, 즐거움 가운데 살 때에는 죽어 있었던 그들의 영혼이 주님께 매달리도록 하기 위해, 이미 그들과 함께 있는 이들에게만 도움이 됩니다. 주님, 죽음을 가져오는 즐거움 속에서도, 주님은 생명을 가져오는 순전한 마음의 기쁨이십니다.

주님의 성직자들이 땅 위에서 일하게 하옵소서. 표적과 성례전과 신비주의, 신앙이 없는 설교와 연설의 물속에서는 일하지 않게 하옵소서. 이 늪에서는 무지가 그릇된 감탄을 불러옵니다. 비밀스런 표적에 대한 경외감으로 인간에게 관심이 집중됩니다. 그것은 아담의 아들들이 주님을 찾다가 잊어버리고 또다시 다른 것들을 찾아다니는, 그릇된 신앙에 이르는 길입니다. 그들은 주님이 못 보게 숨어 있으므로, 바다의 어두운 심해와도 같아집니다.

 주님의 성직자들이 마른 땅 위에 발을 붙이고 굳건히 서서 일하게 하옵소서. 저 깊은 곳으로 가라앉게 만드는 소용돌이 근처에는 가지 못하도록 지켜 주옵소서. 그들이 신실한 이들 앞에서 본보기가 되게 하옵소서. 신실한 이들이 그들을 흉내 내게 하옵소서. 저들이 듣고서 행동에 옮기게 하옵소서.

 주님을 찾아라. 그러면 네 영혼이 살 것이다. 땅이 살아 있는 영혼을 낳을 수 있기 때문이다.

 오, 주 하나님, 저희에게 모든 만물을 주셨으니, 이제는 평화를 주옵소서.

 저희에게 쉼의 평화를, 밤이 없는 안식의 평화를 주옵소서.

 저희 주변에 있는 모든 만물의 가장 경이로운 배열이 너무나도 좋습니다.

 하지만 그것들도 그 시간이 끝나면 사라져 버립니다.

 주님을 제외한 모든 만물에는 아침과 저녁이 있습니다.

 주님의 은총으로 저희를 이끌어 주옵소서.

고백록

펴 낸 일	2010년 12월 20일 초판 1쇄 발행
지 은 이	어거스틴
옮 긴 이	신선명 · 신현복
펴 낸 이	길청자
펴 낸 곳	아침영성지도연구원
등 록 일	1999년 1월 7일(제7호)
홈페이지	www.achimhope.or.kr
총 판	선교횃불
	전 화: 02)2203-2739
	팩 스: 02)2203-2738
	홈페이지: www.ccm2u.com

- 파본은 교환해 드립니다.
- 이 출판물은 저작권법에 의해 보호를 받는 저작물이므로 무단전재와 무단복제를 금합니다.

ISBN 89-8876-441-1(03230)